Diario del
para el
Catecismo Católico de los Estados Unidos para los Adultos

COMITÉ AD HOC PARA LA SUPERVISIÓN DEL USO DEL *CATECISMO*

OSV

Our Sunday Visitor
Huntington, Indiana

El *Diario del Lector para el Catecismo Católico de los Estados Unidos para los Adultos* ha sido elaborado como recurso por el Comité Ad Hoc para la Supervisión del Uso del *Catecismo* de la Conferencia de Obispos Católicos de los Estados Unidos (USCCB, por sus siglas en inglés). La edición en inglés fue revisada en el 2007 por el Arzobispo Alfred C. Hughes, presidente del comité. La traducción al español de la versión en inglés ha sido autorizada para su publicación por el abajo firmante.

Mons. David J. Malloy, STD
Secretario General, USCCB

El Icono de Cristo, imagen de la portada: Teófanos de Creta (1546), Stavronikita Monastery, Monte Athos.

28 27 26 25 24 23   1 2 3 4 5 6 7 8 9

Our Sunday Visitor, Inc., 200 Noll Plaza, Huntington, IN 46750; www.osv.com; 1-800-348-2440.

ISBN: 978-1-63966-124-4 (Núm. de inventario T2840)

IMPRESO EN LOS ESTADOS UNIDOS

ÍNDICE

Tercera Parte. La Moralidad Cristiana: La Fe Vivida

Cuarta Parte. La Oración: La Fe Orada

INTRODUCCIÓN

> *"Desde los principios de la Iglesia, cuando San Atanasio escribió la vida de San Antonio del Desierto (San Antonio Abad), ha estado claro que contar historia de santos y de personas santas ha animado a otros a querer ser como ellos y es una manera efectiva de enseñar la doctrina católica".*
>
> —*Catecismo Católico de los Estados Unidos para los Adultos*, xx

En este *Diario del Lector para el Catecismo Católico de los Estados Unidos para los Adultos*, el punto de partida es la respuesta personal de cada individuo a las enseñanzas de la fe católica reveladas a nosotros en y por medio de Jesucristo, nuestro Señor. Así como en las historias de fe con que se inicia cada capítulo del *Catecismo Católico de los Estados Unidos para los Adultos* ("*Catecismo para Adultos*"), la relación entre la enseñanza católica y la vida católica estriba en el desarrollo de la historia de vida de cada uno de nosotros.

Los treinta y seis capítulos en este *Diario del Lector* están basados en los treinta y seis capítulos del *Catecismo para Adultos*. En las secciones seleccionadas de cada capítulo, hallarás preguntas para la reflexión y un espacio para escribir tus respuestas. Cada capítulo de este diario termina con un desafío para que puedas encontrar la manera de poner en práctica tu fe.

Este *Diario del Lector* te ofrece muy buenas oportunidades para articular tu fe y reflexionar sobre cómo vivirla de una manera más nueva y profunda.

¿QUIÉN DEBE USAR ESTE *DIARIO DEL LECTOR*?

- **En forma individual:** Usa este *Diario del Lector* enfocándote en cada capítulo por un período determinado (una semana o un mes). Durante ese tiempo, lee y reflexiona sobre las secciones que corresponden a los capítulos del *Catecismo para Adultos* y responde periódicamente en el diario según el tiempo que dispongas. Mientras das lectura a cada capítulo, utiliza diariamente las oraciones sugeridas y reflexiona periódicamente sobre la manera de vivir tu fe.

- **RICA:** El *Diario del Lector* es un recurso perfecto para los catecúmenos, los elegidos y los candidatos a recibir la plena comunión con la Iglesia. El diario ayudará tanto tu catequesis como tu reflexión mistagógica. Cuando la sección del capítulo que está siendo estudiado incluya hacer una reflexión en el diario, invita a los participantes a escribir sus reflexiones personales y sus respuestas antes de compartirlas con el grupo. Esta actividad ofrece una oportunidad para que los discernimientos de cada persona enriquezcan a todo el grupo.

- **Grupos de formación en la fe para adultos:** Cualquier adulto que participe en la parroquia en las labores de formación en la fe puede utilizar el *Diario del Lector* para reflexionar después de las sesiones regulares. Los grupos pequeños pueden utilizarlo para facilitar la reflexión y el debate. Los fieles de la parroquia pueden crear un *blog* o tablero de mensajes en línea para que los feligreses puedan compartir sus reflexiones a lo largo del año.

Este *Diario del Lector para el Catecismo Católico de los Estados Unidos para los Adultos* proporcionará a los individuos y a los grupos muchas oportunidades para que conozcan, entiendan y vivan la fe católica.

¿CÓMO DEBO UTILIZAR ESTE *DIARIO DEL LECTOR*?

- Este *Diario del Lector* acompaña al *Catecismo para Adultos*. Consulta con el *Catecismo para Adultos* con frecuencia al reflexionar sobre las preguntas en este diario.

- Empieza utilizando este *Diario del Lector* pidiéndole a Dios que te ayude a abrir tu mente y tu corazón a las enseñanzas de la Iglesia que encuentres en el capítulo correspondiente del *Catecismo para Adultos*. Pídele a Dios que te ayude a discernir sobre la manera en que estas enseñanzas pueden apoyarte y fortalecer tu vida de fe llevándote a tener una relación más cercana con la Santísima Trinidad: el Padre, el Hijo y el Espíritu Santo.

- Establece un horario para que puedas seguir tu progreso por medio del diario, ya sea semanal, mensual u otro período de tiempo específico:

  — Cada semana podrías enfocarte en un capítulo del *Catecismo para Adultos*. Desafíate a ti mismo y lee y reflexiona en cada sección del capítulo. Establece la práctica diaria de seguir las sugerencias para la oración que da este *Diario del Lector* para esa semana. Reflexiona en cómo la enseñanza de esa semana te invita a vivir tu fe más plenamente.

— O trata de completar uno o dos capítulos al mes. Usa una frase de alguna de las oraciones o de la meditación como un mantra diario mientras vas camino al trabajo, cuidas a tu familia, cumples con los mandados o realizas tus labores. Durante la última semana del mes, enfócate en vivir tu fe en forma más plena e intencionada.

- Usa cada sección del *Diario del Lector* para hacer una pausa en tu lectura del *Catecismo para Adultos*, reflexionar sobre lo que has leído y responder anotando tus pensamientos, reacciones e, inclusive, tus preguntas. Tus respuestas escritas te ayudarán a crear tu propio registro en un momento y lugar determinado en tu peregrinaje de fe. Si deseas, usa las hojas que están al final de este libro o un cuaderno aparte si necesitas más espacio.

- Usa las secciones en la parte de atrás del *Catecismo para Adultos* para que te ayude a crecer en tu conocimiento y en tu amor a la fe:

— *Apéndice A: Glosario.* Este glosario te ayudará a tener más fluidez en el lenguaje de la fe católica y te ofrece definiciones básicas de las palabras que quizás no te sean tan familiares.

— *Apéndice B: Oraciones tradicionales católicas.* Esta colección incluye oraciones que quizás desees memorizar para que formen parte de tu vida diaria de oración. Este apéndice también incluye instrucciones para rezar el Rosario.

— *Apéndice C: Bibliografía.* Este apéndice menciona otros documentos de la Iglesia que te ayudarán a aprender más sobre las enseñanzas que introduce el *Catecismo para Adultos*.

— *Índice bíblico.* El *Catecismo para Adultos* incluye numerosas referencias a la Biblia. Este índice incluye todas aquellas referencias que te ayudarán a ver el papel fundamental de la Palabra de Dios en la enseñanza de la Iglesia. Usa este índice para identificar los pasajes bíblicos que te servirán para realizar lecturas y reflexiones posteriores.

— *Índice general.* Cuando estés leyendo, reflexionando o respondiendo y necesites más clarificación, o una mejor definición, el índice te dirigirá a la página o páginas correspondientes en el *Catecismo para Adultos* y a las definiciones pertinentes en el glosario

Este *Diario del Lector para el Catecismo Católico de los Estados Unidos para los Adultos* fue elaborado para ayudarte y hacer que el *Catecismo para Adultos* forme parte de tu peregrinaje de fe. La utilización de este diario te brindará unas oportunidades extraordinarias para aprender las enseñanzas de la Iglesia y reconocer el significado que éstas tendrán en tu vida, ya seas un miembro bautizado en la Iglesia Católica o alguien que desea ser bautizado o ser recibido en la Iglesia Católica.

Este *Diario del Lector* será un instrumento muy útil en tu peregrinaje de fe. Las enseñanzas católicas que aprendas, los momentos de oración que experimentes y las muchas maneras en las cuales permitas que todo lo aprendido impregne tu forma de vivir la vida: todo eso te llevará a una vida arraigada en Jesucristo, acercándote más a nuestro Padre celestial por medio del Espíritu Santo. ¡Que puedas finalmente participar en la vida de la Santísima Trinidad!

ABREVIATURAS USADAS EN ESTE *DIARIO*

CCC	*Catecismo de la Iglesia Católica*, 22da ed. (Washington, DC: Libreria Editrice Vaticana–Conferencia de Obispos Católicos de los Estados Unidos, 2001).
RCIA	Rito de Iniciación Cristiana para Adultos.
Catecismo para Adultos	*Catecismo Católico de los Estados Unidos para los Adultos* (Washington, DC: Conferencia de Obispos Católicos de los Estados Unidos, 2007).

Otras abreviaturas, incluyendo los libros de la Biblia, se encuentran en las páginas xiii-xiv del *Catecismo para Adultos*.

PRIMERA PARTE

EL CREDO: LA FE PROFESADA

1 MI ALMA TE BUSCA A TI, DIOS MÍO (SAL 41:2)

LA BÚSQUEDA HUMANA DE DIOS
—CIC, NÚMS. 27-43

LEE • REFLEXIONA • RESPONDE

LA BUSQUEDA DE UNA MUJER

PÁGINAS 3-4

La historia de Santa Elizabeth Ann Seton destaca la manera en que ella responde a su anhelo de conocer a Dios y de acercarse más a él. ¿De qué manera te inspira su ejemplo en tu peregrinaje de fe?

A TRAVÉS DE LA CREACIÓN

PÁGINAS 5-6

¿Recuerdas alguna ocasión cuando una experiencia personal de la belleza y del poder del mundo creado sirvió para afirmarte la existencia de Dios?

UNA GENERACIÓN CON INQUIETUDES RELIGIOSAS

PÁGINAS 8-9

Describe a alguna persona o lugar que te ayudan a sentir la presencia de Dios.

PARA LA REFLEXIÓN Y EL DEBATE

PÁGINAS 9-10

Lee las preguntas para la reflexión y el debate en este capítulo y usa el espacio de aquí abajo para responder a aquellas preguntas que puedas contestar de inmediato. Más adelante, regresa a las preguntas que se te hicieron más difíciles e invita al Espíritu Santo para que te guie al responder.

ENSEÑANZAS

PÁGINA 10

Lee las enseñanzas que aparecen en el Capítulo 1. Éstas te ayudarán a enfocarte en el contenido específico de ese capítulo. Anota en este diario cualquier pensamiento que se te venga a la mente cuando leas el resumen de las enseñanzas de este capítulo.

MEDITA • ORA • ACTÚA

MEDITACIÓN

PÁGINAS 10-11

Lee la sección de Meditación en el Capítulo 1 reflexionando detenidamente. Selecciona una palabra o una frase que sea especialmente significativa y detente a pensar sobre el significado que ésta tiene para tu vida. Anota esa palabra o frase aquí abajo y reflexiona sobre ella con frecuencia o diariamente.

SUGERENCIAS PARA LA ORACIÓN

PÁGINAS 11-12

Así como empezaste este capítulo leyendo el Salmo 41:2, ahora debes concluirlo leyendo el Salmo 41:2-6. Incluye este salmo en tu oración diaria.

Busca la Oración al Espíritu Santo en el *Catecismo para Adultos*, Apéndice B, página 570. Rézala en acción de gracias al Espíritu Santo por haberte acompañado mientras reflexionabas y respondías a las enseñanzas del Capítulo 1.

PONIENDO LA FE EN PRÁCTICA

Esta semana, como resultado de haber leído, reflexionado y respondido al Capítulo 1, me siento inspirado para . . .

2 DIOS SALE A NUESTRO ENCUENTRO

DIOS REVELA SU DESIGNIO AMOROSO
—CIC, NÚMS. 50-67

LEE • REFLEXIONA • RESPONDE

DIOS REVELA SU SANTO NOMBRE

PÁGINAS 13-14

Al revelarse Dios ante nosotros, él quiere que le respondamos, que le conozcamos y que le amemos. ¿De qué manera se revela Dios ante ti todos los días? ¿Cómo le respondes a Dios?

DIOS REVELA SU DESIGNIO AMOROSO PARA SALVARNOS

PÁGINAS 14-18

Mediante su palabra reveladora y su acción divina, Dios busca una relación intima contigo. ¿Cómo te sientes al saber esto? ¿Qué significa tener una relación íntima con Dios?

EL EVANGELIO Y LA CULTURA

PÁGINAS 18-19

Piensa en alguna ocasión en la que te sentiste presionado o presionada para mostrar indiferencia o negar tus creencias religiosas. ¿Cómo te sentiste? ¿Cómo respondiste?

PARA LA REFLEXIÓN Y EL DEBATE

PÁGINA 20

Lee las preguntas para la reflexión y el debate en este capítulo y usa el espacio de aquí abajo para responder a aquellas preguntas que puedas contestar de inmediato. Más adelante, regresa a las preguntas que se te hicieron más difíciles e invita al Espíritu Santo para que te guie al responder.

ENSEÑANZAS

PÁGINAS 20-21

Lee las enseñanzas que aparecen en el Capítulo 2. Éstas te ayudarán a enfocarte en el contenido específico de ese capítulo. Anota en este diario cualquier pensamiento que se te venga a la mente cuando leas el resumen de las enseñanzas de este capítulo.

MEDITACIÓN

PÁGINA 21

Lee la sección de Meditación en el Capítulo 2 reflexionando detenidamente. Selecciona una palabra o una frase que sea especialmente significativa y detente a pensar sobre el significado que ésta tiene para tu vida. Anota esa palabra o frase aquí abajo y reflexiona sobre ella con frecuencia o diariamente.

SUGERENCIAS PARA LA ORACIÓN

PÁGINA 22

Lee la oración de cierre, el Salmo 118:89-90, 105. Incluye este salmo en tu oración diaria.

¿Cómo puedes obrar para cumplir con lo que aconseja San Pedro (2 Pe 1:5) "esfuércense en añadir a su buena fe buena conducta"?

PONIENDO LA FE EN PRÁCTICA

Esta semana, como resultado de haber leído, reflexionado y respondido al Capítulo 2, me siento inspirado para . . .

3 VAYAN POR TODO EL MUNDO Y PREDIQUEN EL EVANGELIO A TODA CREATURA (Mc 16:15)

LA TRANSMISIÓN DE LA REVELACIÓN DIVINA
—CIC, NÚMS. 74-133

LEE • REFLEXIONA • RESPONDE

TRANSMITIENDO LA FE

PÁGINAS 23-25

Facultados por el liderazgo del Beato Juan XXIII, la Iglesia se preguntó cuál sería la mejor manera de comunicar la doctrina o las enseñanzas de la Iglesia a los hombres y mujeres del siglo veinte. ¿Qué puede hacer el *Catecismo para Adultos* para ayudarte a comprender tus creencias en forma más clara? ¿Qué puede hacer el *Catecismo para Adultos* para ayudarte a compartir tus creencias con los demás?

LA SAGRADA TRADICIÓN

PÁGINAS 25-29

Piensa en algún momento en el cual te diste cuenta que tus creencias vinieron de Jesucristo a ti por medio de su Iglesia. ¿De qué manera esta comprensión te acercó más a Cristo, el fundador y cabeza de la Iglesia?

LAS SAGRADAS ESCRITURAS

PÁGINAS 29-30

¿De qué manera se profundiza tu apreciación por la Biblia al comprender que Dios es el autor de las Sagradas Escrituras? ¿De qué manera mejoras tu lectura de la Biblia al entender el sentido literal y espiritual de las Escrituras?

OTRAS INTERPRETACIONES BÍBLICAS

PÁGINAS 31-33

Muchas personas creen sólo en la Biblia mientras que la Iglesia Católica acepta que ambas, las Escrituras y la Tradición, el Depósito de la Fe, nos revelan a Dios. ¿De qué manera estas enseñanzas reafirman tu confianza en las creencias y en las tradiciones de tu fe?

PARA LA REFLEXIÓN Y EL DEBATE

PÁGINA 34

Lee las preguntas para la reflexión y el debate en este capítulo y usa el espacio de aquí abajo para responder a aquellas preguntas que puedas contestar de inmediato. Más adelante, regresa a las preguntas que se te hicieron más difíciles e invita al Espíritu Santo para que te guie al responder.

ENSEÑANZAS

PÁGINAS 34-35

Lee las enseñanzas que aparecen en el Capítulo 3. Éstas te ayudarán a enfocarte en el contenido específico de ese capítulo. Anota en este diario cualquier pensamiento que se te venga a la mente cuando leas el resumen de las enseñanzas de este capítulo.

MEDITACIÓN

PÁGINA 35

Lee la sección de Meditación en el Capítulo 3 reflexionando detenidamente. Selecciona una palabra o una frase que sea especialmente significativa y detente a pensar sobre el significado que ésta tiene para tu vida. Anota esa palabra o frase aquí abajo y reflexiona sobre ella con frecuencia o diariamente.

SUGERENCIAS PARA LA ORACIÓN

PÁGINA 36

Lee la oración de San Agustín y el consejo que aparece en la segunda carta de Pablo a los Tesalonicenses. Selecciona una frase, ya sea de la oración o del consejo, y anótala en tu diario y repítela cada vez que abras tu Biblia.

PONIENDO LA FE EN PRÁCTICA

Esta semana, como resultado de haber leído, reflexionado y respondido al Capítulo 3, me siento inspirado para . . .

4 HACER BROTAR LA OBEDIENCIA DE LA FE

LA FE COMO RESPUESTA DEL HOMBRE A LA REVELACIÓN DE DIOS
—CIC, NÚMS. 142-197

LEE • REFLEXIONA • RESPONDE

MISIONERO AL PUEBLO DE ESTADOS UNIDOS

PÁGINAS 37-38

Quizás no hayamos sido dotados de la elocuencia de Isaac Hecker. Sin embargo, como discípulos de Jesucristo, hemos sido llamados a compartir nuestra fe con los demás. ¿Cómo respondes a este llamado?

EN EL ACTO DE FE RESPONDEMOS A LA REVELACIÓN AMOROSA DE DIOS

PÁGINA 39

Mediante una decisión plenamente libre, Dios se reveló y se entregó a nosotros para que le respondamos, le conozcamos y le amemos. Describe algún momento en el que te diste cuenta que Dios se estaba revelando ante ti, ya sea mediante una persona, lugar o evento.

CREE EN EL SEÑOR JESÚS

PÁGINAS 39-43

Lee con atención las seis cualidades de la fe que aparecen en estas páginas. ¿Con cuál de ellas te identificas más y por qué?

EL PEREGRINAJE DE FE

PÁGINAS 43-44

Así como la Revelación de Dios ante nosotros es gradual, así también es nuestra respuesta. Piensa en algún momento específico y significativo en tu peregrinaje de fe. ¿Por qué fue tan significativo ese momento?

RETOS A LA FE

PÁGINAS 44-46

¿Cuándo es que tu identidad y tus creencias católicas te colocan en contra de los valores de tu cultura?

PARA LA REFLEXIÓN Y EL DEBATE

PÁGINA 47

Lee las preguntas para la reflexión y el debate en este capítulo y usa el espacio de aquí abajo para responder a aquellas preguntas que puedas contestar de inmediato. Más adelante, regresa a las preguntas que se te hicieron más difíciles e invita al Espíritu Santo para que te guie al responder.

ENSEÑANZAS

PÁGINAS 47-48

Lee las enseñanzas que aparecen en el Capítulo 4. Éstas te ayudarán a enfocarte en el contenido específico de ese capítulo. Anota en este diario cualquier pensamiento que se te venga a la mente cuando leas el resumen de las enseñanzas de este capítulo.

MEDITA • ORA • ACTÚA

MEDITACIÓN

PÁGINA 48

Lee la sección de Meditación en el Capítulo 4 reflexionando detenidamente. Selecciona una palabra o una frase que sea especialmente significativa y detente a pensar sobre el significado que ésta tiene para tu vida. Anota esa palabra o frase aquí abajo y reflexiona sobre ella con frecuencia o diariamente.

SUGERENCIAS PARA LA ORACIÓN

PÁGINAS 48-51

En la Misa de los domingos y en las fiestas especiales, nosotros rezamos el Credo de Nicea pero el Credo de los Apóstoles nos da la base para la renovación de nuestras promesas bautismales en la Pascua y lo recitamos cada vez que rezamos el Rosario. ¿Qué podrías hacer tú para incluir con más frecuencia el Credo de los Apóstoles en tu vida de oración?

PONIENDO LA FE EN PRÁCTICA

Esta semana, como resultado de haber leído, reflexionado y respondido al Capítulo 4, me siento inspirado para . . .

5 CREO EN DIOS

FE EN DIOS COMO MISTERIO Y COMO TRINIDAD;
CREENCIA EN DIOS, PADRE TODOPODEROSO,
CREADOR DE CIELO Y TIERRA
—CIC, NÚMS. 199-349

LEE • REFLEXIONA • RESPONDE

UN CATÓLICO INTELECTUAL

PÁGINAS 53-54

Orestes Brownson, un gran pensador e intelectual, confiaba en la autoridad magisterial de la Iglesia para que ésta le proveyera un mapa para su peregrinaje de fe. ¿De qué manera arraigas tu vida firmemente en las enseñanzas de la Iglesia?

DIOS ES MISTERIO DIVINO

PÁGINA 55

Según vas madurando, ¿cómo madura tu conocimiento de Dios?

DIOS ES TRINIDAD

PÁGINAS 56-57

El misterio de la Trinidad es el misterio fundamental de la fe cristiana. ¿Qué significado tiene este misterio en este momento de tu peregrinaje de fe? ¿Qué cuestionamientos tienes acerca de este misterio?

DIOS ES CREADOR DE CIELO Y TIERRA

PÁGINAS 57-59

Dios creó el cielo y la tierra, "todo lo visible y lo invisible." ¿De qué manera muestras respeto por ti mismo como una de las creaciones de Dios?

LOS ÁNGELES

PÁGINA 59

Los ángeles han vuelto a aparecer en la cultura popular; por ejemplo, muchas personas usan "broches" con angelitos. Pero los ángeles son mucho más de lo que nuestra cultura nos muestra. ¿De qué manera esta sección te informa, cambia o refuerza tu creencia en los ángeles?

LA DIVINA PROVIDENCIA

PÁGINA 61

El *Catecismo de la Iglesia Católica* enseña que Dios "tiene cuidado de todo, de las cosas más pequeñas hasta los grandes acontecimientos del mundo y de la historia" (núm. 303). ¿Cómo puedes entregarte a la voluntad de Dios para tu vida?

LA REALIDAD DEL MAL

PÁGINAS 61-62

A diario se nos recuerda que existe la maldad en nuestro mundo. Aún así, hasta la más pequeña acción de bondad es eficaz contra el mal. ¿Cómo podrías tú, como discípulo de Jesucristo, reemplazar al mal con el bien?

CUESTIONES DE FE Y CIENCIA

PÁGINAS 62-66

Nuestra sociedad busca respuestas continuamente y depende en la ciencia para explicar los misterios de la vida. ¿De qué manera te pueden guiar las enseñanzas morales de la Iglesia cuando las investigaciones científicas no reflejan esas enseñanzas?

PARA LA REFLEXIÓN Y EL DEBATE

PÁGINA 66

Lee las preguntas para la reflexión y el debate en este capítulo y usa el espacio de aquí abajo para responder a aquellas preguntas que puedas contestar de inmediato. Más adelante, regresa a las preguntas que se te hicieron más difíciles e invita al Espíritu Santo para que te guie al responder.

ENSEÑANZAS

PÁGINAS 66-68

Lee las enseñanzas que aparecen en el Capítulo 5. Éstas te ayudarán a enfocarte en el contenido específico de ese capítulo. Anota en este diario cualquier pensamiento que se te venga a la mente cuando leas el resumen de las enseñanzas de este capítulo.

MEDITA • ORA • ACTÚA

MEDITACIÓN

PÁGINA 68

Lee la sección de Meditación en el Capítulo 5 reflexionando detenidamente. Selecciona una palabra o una frase que sea especialmente significativa y detente a pensar sobre el significado que ésta tiene para tu vida. Anota esa palabra o frase aquí abajo y reflexiona sobre ella con frecuencia o diariamente.

SUGERENCIAS PARA LA ORACIÓN

PÁGINA 69

El Acto de Fe es una oración católica tradicional que quizás quieras aprendértela de memoria. Cuando se te pregunta en qué crees, esta oración te ofrece una respuesta abreviada. Reza esta oración y pídele al Espíritu Santo que acreciente tu fe.

PONIENDO LA FE EN PRÁCTICA

Esta semana, como resultado de haber leído, reflexionado y respondido al Capítulo 5, me siento inspirado para . . .

6 EL HOMBRE Y LA MUJER EN UN PRINCIPIO

LA CREACIÓN DEL HOMBRE Y LA MUJER,
LA CAÍDA Y LA PROMESA
—CIC, NÚMS. 355-421

LEE • REFLEXIONA • RESPONDE

LA CASA DE LA MISERICORDIA

PÁGINAS 71-73

Muchos de nosotros amamos a alguna persona que sufre de alguna enfermedad física, emocional o mental. ¿De qué manera, por pequeña que sea, puedes imitar el ejemplo de Rose Hawthorne?

CREADOS A IMAGEN DE DIOS

PÁGINAS 73-74

Hemos sido creados a imagen y semejanza de Dios y hemos recibido el don del libre albedrío. ¿De qué manera permites que la gracia de Dios te ayude a someter tu voluntad a la de él?

LA CAÍDA

PÁGINAS 75-76

¿Por qué es que, hasta con las mejores intenciones, encontramos tan difícil hacer lo correcto?

ENTENDIENDO EL IMPACTO DEL PECADO ORIGINAL

PÁGINAS 76-78

A través del Bautismo se nos libera del Pecado Original y de todos los pecados personales y regresamos a Dios. ¿Qué significa para ti que hayas vuelto a nacer en este sacramento?

ENTENDIENDO EL PECADO

PÁGINAS 78-79

¿De qué manera reconoces que Jesús es el responsable de tu salvación? ¿De qué manera te ayuda este capítulo a rezar aún con más fervor las palabras de la Oración del Señor: "y líbranos del mal"?

PARA LA REFLEXIÓN Y EL DEBATE

PÁGINA 80

Lee las preguntas para la reflexión y el debate en este capítulo y usa el espacio de aquí abajo para responder a aquellas preguntas que puedas contestar de inmediato. Más adelante, regresa a las preguntas que se te hicieron más difíciles e invita al Espíritu Santo para que te guie al responder.

ENSEÑANZAS

PÁGINAS 80-81

Lee las enseñanzas que aparecen en el Capítulo 6. Éstas te ayudarán a enfocarte en el contenido específico de ese capítulo. Anota en este diario cualquier pensamiento que se te venga a la mente cuando leas el resumen de las enseñanzas de este capítulo.

MEDITA • ORA • ACTÚA

MEDITACIÓN

PÁGINAS 81-82

Lee la sección de Meditación en el Capítulo 6 reflexionando detenidamente. Selecciona una palabra o una frase que sea especialmente significativa y detente a pensar sobre el significado que ésta tiene para tu vida. Anota esa palabra o frase aquí abajo y reflexiona sobre ella con frecuencia o diariamente.

SUGERENCIAS PARA LA ORACIÓN

PÁGINA 82

Mientras que lees las palabras de Rose Hawthorne Lathrop, toma en cuenta todas las oportunidades que se te presentan diariamente para practicar tu fe. Da gracias a Dios, quien es pura bondad, por poner en tu corazón el deseo de pensar, hablar y hacer el bien.

PONIENDO LA FE EN PRÁCTICA

Esta semana, como resultado de haber leído, reflexionado y respondido al Capítulo 6, me siento inspirado para . . .

7 LA BUENA NUEVA: DIOS HA ENVIADO A SU HIJO

HIJO DE DIOS, HIJO DE MARÍA,
MISTERIOS DE LA VIDA DE CRISTO
—CIC, NÚMS. 422-570

LEE • REFLEXIONA • RESPONDE

UN BUEN HOMBRE EN NUEVA YORK

PÁGINAS 83-85

El Venerable Pierre Toussaint fue un hombre increíblemente amoroso y generoso. Lo que lo motivaba era su profundo amor por Jesucristo. Aunque tú no puedas aliviar el sufrimiento de los demás como lo hizo él, ¿de qué manera lo puedes imitar, especialmente, mediante los programas de alcance social de tu parroquia?

RETRATOS DE JESÚS EN LOS EVANGELIOS

PÁGINAS 85-87

Si queremos conocer a Jesús, debemos conocer las Escrituras. ¿Cómo, cuándo y dónde puedes empezar a leer diariamente el Nuevo Testamento para conocer mejor a Jesús?

DIOS VERDADERO Y HOMBRE VERDADERO

PÁGINAS 87-90

Jesús es completamente divino y completamente humano. Como hombre, el era como tú en todo, excepto el pecado. Por nuestra salvación, él padeció, murió y resucitó de entre los muertos. ¿De qué manera te ayuda todo esto a identificarte con él?

JESÚS ES EL SALVADOR DE TODOS

PÁGINAS 90-91

Tú sabes que Jesús ama a todos, ¿de qué manera desafía eso tu actitud y tus acciones hacia los demás, a pesar de las diferencias?

PARA LA REFLEXIÓN Y EL DEBATE

PÁGINA 91

Lee las preguntas para la reflexión y el debate en este capítulo y usa el espacio de aquí abajo para responder a aquellas preguntas que puedas contestar de inmediato. Más adelante, regresa a las preguntas que se te hicieron más difíciles e invita al Espíritu Santo para que te guie al responder.

ENSEÑANZAS

PÁGINAS 91-93

Lee las enseñanzas que aparecen en el Capítulo 7. Éstas te ayudarán a enfocarte en el contenido específico de ese capítulo. Anota en este diario cualquier pensamiento que se te venga a la mente cuando leas el resumen de las enseñanzas de este capítulo.

MEDITA • ORA • ACTÚA

MEDITACIÓN

PÁGINA 93

Lee la sección de Meditación en el Capítulo 7 reflexionando detenidamente. Selecciona una palabra o una frase que sea especialmente significativa y detente a pensar sobre el significado que ésta tiene para tu vida. Anota esa palabra o frase aquí abajo y reflexiona sobre ella con frecuencia o diariamente.

SUGERENCIAS PARA LA ORACIÓN

PÁGINA 93

Establece el buen hábito de hacer un examen de conciencia todas las noches en el cual puedas pensar y reflexionar acerca del día. Luego reza la oración que aparece al final del capítulo pidiéndole misericordia a Dios.

PONIENDO LA FE EN PRÁCTICA

Esta semana, como resultado de haber leído, reflexionado y respondido al Capítulo 7, me siento inspirado para . . .

8 LOS ACONTECIMIENTOS SALVÍFICOS DE LA MUERTE Y RESURRECCIÓN DE CRISTO

EL MISTERIO PASCUAL, LA UNIDAD DE
LAS OBRAS SALVADORAS
—CIC, NÚMS. 571-664

LEE • REFLEXIONA • RESPONDE

CANTANDO LAS ALABANZAS DEL SEÑOR

PÁGINAS 95-97

Con buena salud o durante sus años de sufrimiento, la conciencia social de la Hna. Thea Bowman fue lo que caracterizó su presencia en la Iglesia en los Estados Unidos. ¿De qué manera puedes responder a las necesidades de los demás, especialmente, de los que sufren?

LEVANTEN LA CRUZ EN ALTO

PÁGINAS 97-99

¿Alguna vez te has sentido insultado? ¿Dolido? ¿Herido en alguna forma? ¿Cómo podrías tú, imitando a Cristo, perdonar a todos los responsables? Si es que ya los has perdonado, ¿cómo lo hiciste?

¡CRISTO HA RESUCITADO! ¡ALELUYA!

PÁGINAS 99-100

Nuestra actitud hacia la muerte refleja nuestra creencia cristiana que la muerte no es el final. ¿De qué manera esta creencia disminuye tu temor a la muerte? ¿Cómo podrías vivir tomando más conciencia de la posibilidad del cielo y de la unión con Dios?

UN HECHO HISTÓRICO

PÁGINAS 100-101

Cuando estaban camino a Emaús, María Magdalena, los apóstoles y los discípulos fueron testigos de la Resurrección de Jesucristo. Tú vives en una cultura que dice "ver para creer". Sin embargo, en Juan 20:29, Jesús nos dice: "¡Dichosos los que creen sin haber visto!" ¿Cómo te ayuda tu fe a entender las palabras de Jesús?

UN HECHO TRASCENDENTE

PÁGINAS 101-102

En esta sección lees: "Si Jesús no hubiese resucitado, nuestra fe no significaría nada". ¿Cómo explicas el significado de estas palabras?

LA ASCENSIÓN AL CIELO

PÁGINA 102

En la Ascensión, la humanidad de Jesús entró en la gloria divina y abrió la posibilidad para que nosotros también podamos ir a donde él está. ¿Con qué frecuencia piensas en el cielo? ¿En qué forma la promesa del cielo afecta el modo en que vives tu vida?

DE LA DUDA A LA FE

PÁGINAS 102-104

¿Has tenido dudas acerca de la Resurrección de Jesucristo y el significado que ella tiene para tu salvación? ¿Cómo es que empezaste a creer en la Resurrección? ¿De qué manera se ha hecho más fuerte esta creencia ahora que ya eres adulto o adulta?

PARA LA REFLEXIÓN Y EL DEBATE

PÁGINA 104

Lee las preguntas para la reflexión y el debate en este capítulo y usa el espacio de aquí abajo para responder a aquellas preguntas que puedas contestar de inmediato. Más adelante, regresa a las preguntas que se te hicieron más difíciles e invita al Espíritu Santo para que te guie al responder.

ENSEÑANZAS

PÁGINAS 105-106

Lee las enseñanzas que aparecen en el Capítulo 8. Éstas te ayudarán a enfocarte en el contenido específico de ese capítulo. Anota en este diario cualquier pensamiento que se te venga a la mente cuando leas el resumen de las enseñanzas de este capítulo.

MEDITA • ORA • ACTÚA

MEDITACIÓN

PÁGINA 106

Lee la sección de Meditación en el Capítulo 8 reflexionando detenidamente. Selecciona una palabra o una frase que sea especialmente significativa y detente a pensar sobre el significado que ésta tiene para tu vida. Anota esa palabra o frase aquí abajo y reflexiona sobre ella con frecuencia o diariamente.

SUGERENCIAS PARA LA ORACIÓN

PÁGINA 107

Este himno bizantino te invita a "bendecir siempre al Señor". Toma cualquier ocasión para alabar a Dios por haber enviado a su Hijo, Jesucristo, para salvarte y darte la promesa de la vida eterna.

PONIENDO LA FE EN PRÁCTICA

Esta semana, como resultado de haber leído, reflexionado y respondido al Capítulo 8, me siento inspirado para . . .

9 RECIBAN EL ESPÍRITU SANTO (Jn 20:22)

LA REVELACIÓN DEL ESPÍRITU, MISIÓN
CONJUNTA DEL HIJO Y DEL ESPÍRITU
—CIC, NÚMS. 683-747

LEE • REFLEXIONA • RESPONDE

FUE GUIADA POR EL ESPÍRITU SANTO

PÁGINAS 109-110

¿Alguna vez alguien te ha desafiado, criticado o se ha burlado de ti a causa de tu fe? ¿Cómo te ha ayudado el Espíritu Santo a defender tu fe?

EL ESPÍRITU TRANSFORMADOR

PÁGINAS 110-112

El Espíritu Santo viene primero a nosotros por medio del Sacramento del Bautismo. ¿De qué manera cuentas con el Espíritu Santo para vivir tu fe? ¿Cómo das testimonio de tu fe como un miembro de tu familia? ¿Cómo un católico? ¿Como un vecino?

EL ESPÍRITU SANTO ES REVELADO GRADUALMENTE

PÁGINAS 112-115

Esta sección describe las ocho maneras en las cuales el Espíritu Santo está presente en tu vida. De las ocho, ¿cuántas has experimentado y cómo?

PARA LA REFLEXIÓN Y EL DEBATE

PÁGINA 117

Lee las preguntas para la reflexión y el debate en este capítulo y usa el espacio de aquí abajo para responder a aquellas preguntas que puedas contestar de inmediato. Más adelante, regresa a las preguntas que se te hicieron más difíciles e invita al Espíritu Santo para que te guie al responder.

ENSEÑANZAS

PÁGINA 117

Lee las enseñanzas que aparecen en el Capítulo 9. Éstas te ayudarán a enfocarte en el contenido específico de ese capítulo. Anota en este diario cualquier pensamiento que se te venga a la mente cuando leas el resumen de las enseñanzas de este capítulo.

MEDITA • ORA • ACTÚA

MEDITACIÓN

PÁGINA 118

Lee la sección de Meditación en el Capítulo 9 reflexionando detenidamente. Selecciona una palabra o una frase que sea especialmente significativa y detente a pensar sobre el significado que ésta tiene para tu vida. Anota esa palabra o frase aquí abajo y reflexiona sobre ella con frecuencia o diariamente.

SUGERENCIAS PARA LA ORACIÓN

PÁGINA 119

Convierte esta oración al Espíritu Santo en parte de tu oración diaria. Reza las palabras "Ven Espíritu Santo" antes de abrir el *Catecismo para Adultos*. Reza estas palabras cada vez que leas, reflexiones y respondas a este diario.

PONIENDO LA FE EN PRÁCTICA

Esta semana, como resultado de haber leído, reflexionado y respondido al Capítulo 9, me siento inspirado para . . .

10 LA IGLESIA: REFLEJANDO LA LUZ DE CRISTO

IMÁGENES Y MISIÓN DE LA IGLESIA
—CIC, NÚMS. 748-810

LEE • REFLEXIONA • RESPONDE

UNA ROCA Y UN PASTOR AMOROSO

PÁGINAS 121-122

¿De qué manera te ayuda tu fe a creer en Jesús como la Segunda Persona de la Trinidad? ¿Como tu Salvador? ¿Como fundador y cabeza de la Iglesia Católica?

LA IGLESIA COMO MISTERIO

PÁGINAS 122-123

La Iglesia, facultada por el Espíritu Santo, es el instrumento de tu salvación. ¿Cómo te ha ayudado la Iglesia a crecer en santidad?

LA PALABRA "IGLESIA"

PÁGINA 123

El Concilio Vaticano II llamó "Iglesia doméstica" al hogar. ¿De qué manera conservas tu hogar como una "Iglesia doméstica"?

DISEÑADA POR EL PADRE

PÁGINAS 123-124

Dios ha invitado a todas las personas a establecer una relación con él. ¿De qué manera te ayuda la Iglesia a responder a la invitación de Dios?

INSTITUIDA POR JESUCRISTO

PÁGINA 124

¿Cómo te sientes cuando reconoces que la Iglesia Católica fue instituida por Jesucristo, el Hijo de Dios? ¿De qué manera muestra la Iglesia su institución divina?

REVELADA POR EL ESPÍRITU

PÁGINAS 124-125

¿Cómo te sientes cuando te das cuenta que el Espíritu Santo ha estado, está y estará siempre con la Iglesia en toda circunstancia?

EL SACRAMENTO DE LA SALVACIÓN

PÁGINAS 125-126

La Iglesia es una y el Espíritu Santo es la fuente de esa unidad. ¿De qué manera experimentas la realidad *visible* de la Iglesia? ¿De qué manera experimentas la realidad *espiritual* de la Iglesia?

UN PUEBLO SACERDOTAL

PÁGINAS 127-128

Los católicos a veces dicen que ellos están "ofreciendo" algo (como sacrificio). Todo lo que hacemos puede ser un ofrecimiento espiritual cuando va unido al sacrificio de Cristo. ¿Usas tú esta expresión? ¿Cómo te ayuda esta sección a entender eso?

UN PUEBLO PROFÉTICO

PÁGINA 128

¿Alguna vez has dicho: "Hechos, no palabras"? ¿De qué manera afirma esta sección la veracidad de este dicho?

UN PUEBLO REAL

PÁGINAS 128-129

Por medio del Bautismo, nosotros participamos en la misión regia de Jesucristo. Reflexiona acerca de la explicación que da esta sección sobre el liderazgo de servicio. ¿De qué manera realizas esta función? ¿En qué otras maneras nuevas puedes liderar por medio de un servicio amoroso?

SOBRE ESTA ROCA

PÁGINAS 131-132

¿Cómo responde tu parroquia a las necesidades de sus miembros? ¿De la comunidad? ¿De la iglesia en pleno?

PARA LA REFLEXIÓN Y EL DEBATE

PÁGINA 132

Lee las preguntas para la reflexión y el debate en este capítulo y usa el espacio de aquí abajo para responder a aquellas preguntas que puedas contestar de inmediato. Más adelante, regresa a las preguntas que se te hicieron más difíciles e invita al Espíritu Santo para que te guie al responder.

ENSEÑANZAS

PÁGINAS 132-134

Lee las enseñanzas que aparecen en el Capítulo 10. Éstas te ayudarán a enfocarte en el contenido específico de ese capítulo. Anota en este diario cualquier pensamiento que se te venga a la mente cuando leas el resumen de las enseñanzas de este capítulo.

MEDITA • ORA • ACTÚA

MEDITACIÓN

PÁGINA 134

Lee la sección de Meditación en el Capítulo 10 reflexionando detenidamente. Selecciona una palabra o una frase que sea especialmente significativa y detente a pensar sobre el significado que ésta tiene para tu vida. Anota esa palabra o frase aquí abajo y reflexiona sobre ella con frecuencia o diariamente.

SUGERENCIAS PARA LA ORACIÓN

PÁGINA 134

Las oraciones que aparecen al final de este capítulo destacan lo mucho que Dios nos exalta al llamarnos a ser su pueblo, miembros de su Iglesia. Reza para que la Iglesia siempre sea todo lo que Dios la ha llamado a ser.

PONIENDO LA FE EN PRÁCTICA

Esta semana, como resultado de haber leído, reflexionado y respondido al Capítulo 10, me siento inspirado para . . .

11 LOS CUATRO ATRIBUTOS DE LA IGLESIA

LA IGLESIA ES UNA, SANTA, CATÓLICA Y APOSTÓLICA
—CIC, NÚMS. 811-962

LEE • REFLEXIONA • RESPONDE

QUISE SER MISIONERO

PÁGINAS 135-136

Cristo le dijo a sus Apóstoles: "Vayan, pues, y enseñen a todas las naciones" (Mt 28:19). ¿De qué manera respondes a este mandato?

LA IGLESIA ES UNA

PÁGINAS 137-139

Cuando los miembros de una familia no comparten una religión común, entre ellos puede haber mucha fricción. Si esta realidad existe entre tu familia, ¿de qué manera manejas estas diferencias? ¿Cómo te conviertes en una presencia sanadora dentro de tu familia?

LA IGLESIA ES SANTA

PÁGINAS 139-140

Cada uno de nosotros es un pecador, sin embargo, hemos sido llamados a la santidad. ¿Cómo respondes a ese llamado? ¿De qué manera contribuyes a la santidad de las personas que amas? ¿De qué manera conviertes tu hogar en un lugar en donde tu familia pueda llegar a la santidad

LA IGLESIA ES CATÓLICA

PÁGINAS 141-143

A lo largo de nuestra vida diaria, encontramos una gran diversidad en la comunidad mundial. Esa diversidad también la podemos encontrar dentro de nuestras familias, nuestros vecindarios y nuestras parroquias. ¿De qué manera experimentas la diversidad del mundo? ¿Cuál es tu actitud con respecto a la diversidad?

LA IGLESIA ES APOSTÓLICA

PÁGINAS 143-144

Cristo construyó su Iglesia sobre los cimientos de los apóstoles. Hoy, el papa y los obispos son los sucesores de los apóstoles. ¿Quién es el papa, la cabeza de la Iglesia Católica? ¿Quiénes son tu obispo(s) y tu párroco(s)? ¿Por qué es importante tener esta información?

LOS LAICOS

PÁGINAS 144-145

En estos momentos, ¿haces algún tipo de voluntariado en tu parroquia? Si no lo haces, ¿con quién puedes hablar para empezar a usar tus talentos por el bien de tu parroquia?

LA VIDA CONSAGRADA

PÁGINAS 146-147

La Iglesia anima a sus miembros a orar por las vocaciones a la vida consagrada. ¿Qué actitud tienes con respecto a los hombres y mujeres jóvenes que están considerando la vida consagrada como su vocación de vida? ¿De qué manera puedes fomentar las vocaciones?

HAGAN DISCÍPULOS

PÁGINAS 147-148

Lee acerca de lo que pensaba el Padre Alvin Illig sobre las seis maneras en las que todos podemos evangelizar. ¿Cuál de ellas te parece que pudiese ser un primer paso realista para que te conviertas en una persona evangelizadora? Identifica un segundo paso, un tercer paso, etc.

PARA LA REFLEXIÓN Y EL DEBATE

PÁGINA 148

Lee las preguntas para la reflexión y el debate en este capítulo y usa el espacio de aquí abajo para responder a aquellas preguntas que puedas contestar de inmediato. Más adelante, regresa a las preguntas que se te hicieron más difíciles e invita al Espíritu Santo para que te guie al responder.

ENSEÑANZAS

PÁGINAS 148-149

Lee las enseñanzas que aparecen en el Capítulo 11. Éstas te ayudarán a enfocarte en el contenido específico de ese capítulo. Anota en este diario cualquier pensamiento que se te venga a la mente cuando leas el resumen de las enseñanzas de este capítulo.

MEDITA • ORA • ACTÚA

MEDITACIÓN

PÁGINA 150

Lee la sección de Meditación en el Capítulo 11 reflexionando detenidamente. Selecciona una palabra o una frase que sea especialmente significativa y detente a pensar sobre el significado que ésta tiene para tu vida. Anota esa palabra o frase aquí abajo y reflexiona sobre ella con frecuencia o diariamente.

SUGERENCIAS PARA LA ORACIÓN

PÁGINA 150

Las Intercesiones del Común de los Apóstoles nos recuerdan que los pecados cometidos después del Bautismo pueden ser perdonados. Dentro de tu agitada vida, busca el tiempo para celebrar los Sacramentos de la Penitencia y de la Eucaristía para que puedas restablecer la comunión con Dios que se pierde por el pecado.

PONIENDO LA FE EN PRÁCTICA

Esta semana, como resultado de haber leído, reflexionado y respondido al Capítulo 11, me siento inspirado para . . .

12 MARÍA: EL PRIMER Y MÁS EMINENTE MIEMBRO DE LA IGLESIA

MARÍA, MADRE DE JESÚS, MADRE DE DIOS,
MADRE DE LA IGLESIA
—CIC, NÚMS. 484-507, 963-972, 2673-2677

LEE • REFLEXIONA • RESPONDE

SAN JUAN DIEGO VE A MARÍA

PÁGINAS 151-153

A los peregrinos les atrae todo lugar en donde ha aparecido María. Pero nosotros no tenemos que ir a Guadalupe, a Fátima o a Lourdes para rezarle a María y pedirle que interceda ante Dios. ¿Qué haces para que María sea parte de tu vida de oración?

EL DESIGNIO DE DIOS PARA MARÍA

PÁGINA 153

Los Evangelios nos dan una imagen de María. ¿Qué es lo que te inspira de María o de su vida?

"BENDITA TÚ ERES ENTRE TODAS LAS MUJERES"

PÁGINAS 153-155

María le dijo "si" a Dios cuando le pidió que fuese la Madre de su Hijo. ¿De qué manera te inspira el "si" de María para aceptar la voluntad de Dios en tu vida?

MARÍA COMO MADRE DE LA IGLESIA

PÁGINAS 155-157

Tú eres un miembro de la Iglesia y María es la Madre de la Iglesia. ¿Qué te ayuda a aceptar a María como tu Madre?

LA INTERCESIÓN MATERNAL DE MARÍA

PÁGINA 157

¿De qué manera buscas la oración y la intercesión de María para ti? ¿Para tu familia? ¿Para las personas a quienes cuidas o por las que te preocupas?

PARA LA REFLEXIÓN Y EL DEBATE

PÁGINAS 157-158

Lee las preguntas para la reflexión y el debate en este capítulo y usa el espacio de aquí abajo para responder a aquellas preguntas que puedas contestar de inmediato. Más adelante, regresa a las preguntas que se te hicieron más difíciles e invita al Espíritu Santo para que te guie al responder.

ENSEÑANZAS

PÁGINAS 158-159

Lee las enseñanzas que aparecen en el Capítulo 12. Éstas te ayudarán a enfocarte en el contenido específico de ese capítulo. Anota en este diario cualquier pensamiento que se te venga a la mente cuando leas el resumen de las enseñanzas de este capítulo.

MEDITA • ORA • ACTÚA

MEDITACIÓN

PÁGINAS 159-160

Lee la sección de Meditación en el Capítulo 12 reflexionando detenidamente. Selecciona una palabra o una frase que sea especialmente significativa y detente a pensar sobre el significado que ésta tiene para tu vida. Anota esa palabra o frase aquí abajo y reflexiona sobre ella con frecuencia o diariamente.

SUGERENCIAS PARA LA ORACIÓN

PÁGINA 160

El *Memorare* es una oración que muchos católicos aprenden de memoria. Si aún no lo has hecho, apréndetela de memoria.

PONIENDO LA FE EN PRÁCTICA

Esta semana, como resultado de haber leído, reflexionado y respondido al Capítulo 12, me siento inspirado para . . .

13 NUESTRO DESTINO ETERNO

LAS COSAS ÚLTIMAS: LA RESURRECCIÓN DE LA CARNE, LA MUERTE, EL JUICIO PARTICULAR, EL CIELO, EL PURGATORIO, EL INFIERNO, EL JUICIO FINAL, LOS CIELOS NUEVOS Y LA TIERRA NUEVA
—CIC, NÚMS. 988-1065

LEE • REFLEXIONA • RESPONDE

EL AMOR SE DEMUESTRA CON OBRAS

PÁGINAS 161-163

Santa Katharine Drexel puso todo su empeño en la enseñanza del Evangelio para que las personas a quienes ella servía pudiesen tener una vida plena aquí en la tierra y la máxima plenitud de vida en el cielo. ¿Qué puedes hacer diariamente para que tu vida en la tierra sea más significativa? ¿Qué puedes hacer diariamente para prepararte para la vida futura?

EL SIGNIFICADO DE LA MUERTE CRISTIANA

PÁGINAS 163-165

Al final de nuestros días aquí en la tierra seremos juzgados de acuerdo a cuánto amábamos a Dios, a los demás y a nosotros mismos. ¿Qué puedes hacer para crecer en este amor?

LA RESURRECCIÓN DE LA CARNE

PÁGINAS 165-167

Los católicos creen en la resurrección de la carne en el Día del Juicio Final. ¿De qué manera afecta esta enseñanza tu vida de fe?

EL JUICIO FINAL

PÁGINAS 167-168

Un día seremos juzgados y podremos o no heredar el Reino de los Cielos. ¿De qué manera afecta esta enseñanza la forma en que vives tu vida hoy?

LA MUERTE CRISTIANA

PÁGINAS 169-170

En estos tiempos, y con mucha frecuencia, los ancianos, los enfermos y los moribundos se encuentran abandonados. ¿Cómo responde tu parroquia a las necesidades de estas personas? ¿Quién coordina estos esfuerzos? ¿De qué manera puedes participar tú?

PARA LA REFLEXIÓN Y EL DEBATE

PÁGINA 171

Lee las preguntas para la reflexión y el debate en este capítulo y usa el espacio de aquí abajo para responder a aquellas preguntas que puedas contestar de inmediato. Más adelante, regresa a las preguntas que se te hicieron más difíciles e invita al Espíritu Santo para que te guíe al responder.

ENSEÑANZAS

PÁGINAS 171-172

Lee las enseñanzas que aparecen en el Capítulo 13. Éstas te ayudarán a enfocarte en el contenido específico de ese capítulo. Anota en este diario cualquier pensamiento que se te venga a la mente cuando leas el resumen de las enseñanzas de este capítulo.

MEDITA • ORA • ACTÚA

MEDITACIÓN

PÁGINA 173

Lee la sección de Meditación en el Capítulo 13 reflexionando detenidamente. Selecciona una palabra o una frase que sea especialmente significativa y detente a pensar sobre el significado que ésta tiene para tu vida. Anota esa palabra o frase aquí abajo y reflexiona sobre ella con frecuencia o diariamente.

SUGERENCIAS PARA LA ORACIÓN

PÁGINA 173

Aquellos que han fallecido siguen siendo parte de la Iglesia. Incluye a las almas del Purgatorio en tus oraciones diarias.

PONIENDO LA FE EN PRÁCTICA

Esta semana, como resultado de haber leído, reflexionado y respondido al Capítulo 13, me siento inspirado para . . .

SEGUNDA PARTE

LOS SACRAMENTOS: LA FE CELEBRADA

14 LA CELEBRACIÓN DEL MISTERIO PASCUAL DE CRISTO

INTRODUCCIÓN A LA CELEBRACIÓN DE
LA LITURGIA DE LOS SACRAMENTOS
—CIC, NÚMS. 1076-1209

LEE • REFLEXIONA • RESPONDE

MARTIN AMABA LA LITURGIA

PÁGINAS 177-178

¿De qué manera te han ayudado tus experiencias sacramentales a ver la presencia invisible de Dios en este mundo visible?

EL MISTERIO PASCUAL

PÁGINAS 179-180

El Misterio Pascual es el paso de Cristo de la muerte a una vida nueva: el misterio central de toda la liturgia de la Iglesia. Piensa en esas ocasiones en tu vida en las que experimentaste el Misterio Pascual. ¿De qué manera eso te ha acercado más a Dios?

LOS SACRAMENTOS

PÁGINAS 180-182

¿Cuál de los sacramentos te es menos familiar? ¿Qué te gustaría poder entender mejor acerca de ese sacramento?

LA LITURGIA Y LA VIDA

PÁGINAS 188-189

¿De qué manera te desafía la liturgia para hacer de éste un mundo mejor? ¿Por qué?

PARA LA REFLEXIÓN Y EL DEBATE

PÁGINA 189

Lee las preguntas para la reflexión y el debate en este capítulo y usa el espacio de aquí abajo para responder a aquellas preguntas que puedas contestar de inmediato. Más adelante, regresa a las preguntas que se te hicieron más difíciles e invita al Espíritu Santo para que te guie al responder.

ENSEÑANZAS

PÁGINAS 189-191

Lee las enseñanzas que aparecen en el Capítulo 14. Éstas te ayudarán a enfocarte en el contenido específico de ese capítulo. Anota en este diario cualquier pensamiento que se te venga a la mente cuando leas el resumen de las enseñanzas de este capítulo.

MEDITA • ORA • ACTÚA

MEDITACIÓN

PÁGINA 191

Lee la sección de Meditación en el Capítulo 14 reflexionando detenidamente. Selecciona una palabra o una frase que sea especialmente significativa y detente a pensar sobre el significado que ésta tiene para tu vida. Anota esa palabra o frase aquí abajo y reflexiona sobre ella con frecuencia o diariamente.

SUGERENCIAS PARA LA ORACIÓN

PÁGINA 192

Al terminar, lee la oración de este capítulo, el Salmo 149:1-2, 5-6. Incluye este salmo y la oración de San Agustín en tu oración diaria.

PONIENDO LA FE EN PRÁCTICA

Esta semana, como resultado de haber leído, reflexionado y respondido al Capítulo 14, me siento inspirado para . . .

15 EL BAUTISMO: HACERSE CRISTIANO

EL BAUTISMO ES EL PRIMER SACRAMENTO DE
LA INICIACIÓN CRISTIANA
—CIC, NÚMS. 1210-1284

LEE • REFLEXIONA • RESPONDE

UN TESTIGO BAUTISMAL

PÁGINAS 193-194

John Boyle O'Reilly, por su labor como redactor, fue un testigo bautismal muy público. ¿De qué manera has llevado la gracia de tu Bautismo a tu centro de trabajo? ¿A tu familia? ¿Entre tus amistades?

LOS EFECTOS DEL BAUTISMO

PÁGINAS 204-208

Esta sección destaca los cinco efectos del Bautismo. ¿De qué manera te desafía cada uno de estos efectos en tu relación con Dios, con los demás y contigo mismo?

EL BAUTISMO ES UNA LLAMADA A LA SANTIDAD

PÁGINAS 208-209

Nosotros tenemos muchos ideales de santidad a los cuales aspiramos, incluyendo la perfección, la misericordia y el amor. ¿Qué obstáculos enfrentas tú al tratar de vivir estos ideales y esforzarte para alcanzar la santidad?

PARA LA REFLEXIÓN Y EL DEBATE

PÁGINAS 209-210

Lee las preguntas para la reflexión y el debate en este capítulo y usa el espacio de aquí abajo para responder a aquellas preguntas que puedas contestar de inmediato. Más adelante, regresa a las preguntas que se te hicieron más difíciles e invita al Espíritu Santo para que te guie al responder.

ENSEÑANZAS

PÁGINAS 210-211

Lee las enseñanzas que aparecen en el Capítulo 15. Éstas te ayudarán a enfocarte en el contenido específico de ese capítulo. Anota en este diario cualquier pensamiento que se te venga a la mente cuando leas el resumen de las enseñanzas de este capítulo.

MEDITA • ORA • ACTÚA

MEDITACIÓN

PÁGINA 211

Lee la sección de Meditación en el Capítulo 15 reflexionando detenidamente. Selecciona una palabra o una frase que sea especialmente significativa y detente a pensar sobre el significado que ésta tiene para tu vida. Anota esa palabra o frase aquí abajo y reflexiona sobre ella con frecuencia o diariamente.

SUGERENCIAS PARA LA ORACIÓN

PÁGINA 212

Lee la Oración para la Unción con el Santo Crisma del *Rito del Bautismo*. Inclúyela en tu reflexión diaria.

Copia el versículo de Colosenses (2:12) en este diario y léelo periódicamente. Anota tus reacciones y los pensamientos que se te vengan a la mente cuando lo lees.

PONIENDO LA FE EN PRÁCTICA

Esta semana, como resultado de haber leído, reflexionado y respondido al Capítulo 15, me siento inspirado para . . .

16 LA CONFIRMACIÓN: CONSAGRADOS PARA LA MISIÓN

LA CONFIRMACIÓN ES EL SEGUNDO
SACRAMENTO DE INICIACIÓN
—CIC, NÚMS. 1285-1321

LEE • REFLEXIONA • RESPONDE

FRANCES CABRINI, "VETE A AMÉRICA"

PÁGINAS 213-214

¿Qué persona es una "Madre Cabrini" en tu vida: alguien que responde diariamente a la guía del Espíritu Santo y vive la misión de la Iglesia? ¿Cómo imitas a esa persona?

EL SACRAMENTO DEL ESPÍRITU SANTO

PÁGINAS 215-216

¿En qué momento te has percatado que el poder del Espíritu Santo obra a través tuyo? Cuando te diste cuenta de ello, ¿de qué manera te ha desafiado o cambiado eso?

LA MISIÓN Y TESTIMONIO DE LOS CONFIRMADOS

PÁGINAS 220-222

El Espíritu Santo confiere siete dones. ¿Cuál de los dones te es más necesario en estos momentos? ¿Por qué?

PARA LA REFLEXIÓN Y EL DEBATE

PÁGINA 222

Lee las preguntas para la reflexión y el debate en este capítulo y usa el espacio de aquí abajo para responder a aquellas preguntas que puedas contestar de inmediato. Más adelante, regresa a las preguntas que se te hicieron más difíciles e invita al Espíritu Santo para que te guie al responder.

ENSEÑANZAS

PÁGINAS 222-223

Lee las enseñanzas que aparecen en el Capítulo 16. Éstas te ayudarán a enfocarte en el contenido específico de ese capítulo. Anota en este diario cualquier pensamiento que se te venga a la mente cuando leas el resumen de las enseñanzas de este capítulo.

MEDITA • ORA • ACTÚA

MEDITACIÓN

PÁGINAS 223-224

Lee la sección de Meditación en el Capítulo 16 reflexionando detenidamente. Selecciona una palabra o una frase que sea especialmente significativa y detente a pensar sobre el significado que ésta tiene para tu vida. Anota esa palabra o frase aquí abajo y reflexiona sobre ella con frecuencia o diariamente.

SUGERENCIAS PARA LA ORACIÓN

PÁGINA 224

Memoriza la oración "Ven, Santo Espíritu" o la oración de Edwin Hatch y rézala cada mañana y a lo largo del día. Anota en este diario el impacto que tuvo esta oración en tu día.

PONIENDO LA FE EN PRÁCTICA

Esta semana, como resultado de haber leído, reflexionado y respondido al Capítulo 16, me siento inspirado para . . .

17 LA EUCARISTÍA: FUENTE Y CUMBRE DE LA VIDA CRISTIANA

LA SANTA EUCARISTÍA CULMINA
LA INICIACIÓN CRISTIANA
—CIC, NÚMS. 1322-1419

LEE • REFLEXIONA • RESPONDE

UN APÓSTOL DE LA EUCARISTÍA

PÁGINAS 225-226

La Eucaristía le dio valor, alegría y esperanza a Beato Carlos Manuel Rodríguez. ¿Cuándo te ha dado la Eucaristía la gracia para vivir tu fe?

LA REVELACIÓN DE LA EUCARISTÍA

PÁGINAS 227-228

¿De qué manera te ayuda la Misa a conectarte con la Pascua, con la Última Cena y/o con la Pasión, muerte y Resurrección de Cristo? ¿Qué es lo que te hace tomar conciencia que Cristo está real y sustancialmente presente en la Eucaristía?

LA EUCARISTÍA TRANSFORMA AL QUE LA RECIBE

PÁGINAS 239-240

¿De qué manera te ofreces tú como un sacrificio viviente y espiritual en la Eucaristía? ¿Qué obstáculos encuentras al hacer esa ofrenda?

PARA LA REFLEXIÓN Y EL DEBATE

PÁGINAS 240-241

Lee las preguntas para la reflexión y el debate en este capítulo y usa el espacio de aquí abajo para responder a aquellas preguntas que puedas contestar de inmediato. Más adelante, regresa a las preguntas que se te hicieron más difíciles e invita al Espíritu Santo para que te guie al responder.

ENSEÑANZAS

PÁGINAS 241-242

Lee las enseñanzas que aparecen en el Capítulo 17. Éstas te ayudarán a enfocarte en el contenido específico de ese capítulo. Anota en este diario cualquier pensamiento que se te venga a la mente cuando leas el resumen de las enseñanzas de este capítulo.

MEDITA • ORA • ACTÚA

MEDITACIÓN

PÁGINAS 242-243

Lee la sección de Meditación en el Capítulo 17 reflexionando detenidamente. Selecciona una palabra o una frase que sea especialmente significativa y detente a pensar sobre el significado que ésta tiene para tu vida. Anota esa palabra o frase aquí abajo y reflexiona sobre ella con frecuencia o diariamente.

SUGERENCIAS PARA LA ORACIÓN

PÁGINA 243

Reza el *Anima Christi* antes de empezar tu reflexión en cada sección de este capítulo. Anota en este diario cualquier frase o frases que ameriten una reflexión adicional durante la semana.

Regresa a cada frase y, en este diario, anota los pensamientos que afloren.

PONIENDO LA FE EN PRÁCTICA

Esta semana, como resultado de haber leído, reflexionado y respondido al Capítulo 17, me siento inspirado para . . .

18 EL SACRAMENTO DE LA PENITENCIA Y DE LA RECONCILIACIÓN: DIOS ES RICO EN MISERICORDIA

EN ESTE SACRAMENTO DE CURACIÓN NOS RECONCILIAMOS CON DIOS Y CON LA IGLESIA
—CIC, NÚMS. 1420-1498

LEE • REFLEXIONA • RESPONDE

EL PECADOR QUE SE HIZO SANTO

PÁGINAS 247-248

Así como San Agustín, ¿cuándo has sentido los efectos nocivos del pecado en tu vida? ¿De qué manera te ha ayudado el Sacramento de la Penitencia a experimentar la misericordia y el perdón de Dios?

EL SACRAMENTO DE LA PENITENCIA

PÁGINAS 251-253

La liturgia del Sacramento de la Penitencia incluye cuatro actos claves del penitente y del sacerdote: contrición, confesión, absolución y satisfacción. Durante estos cuatro actos, ¿Qué es lo que se dice o se hace que te revelan la presencia bondadosa y misericordiosa de Dios?

RECONOCER EL PECADO — ALABAR LA MISERICORDIA DE DIOS

PÁGINAS 257-259

Piensa en algún ejemplo de tu vida personal en el cual has minimizado la realidad de tu carácter pecaminoso. ¿Por qué te ha sido difícil llevar ese pecado al Sacramento de la Penitencia? ¿Cómo te puedes preparar para llevar ese pecado al sacramento?

PARA LA REFLEXIÓN Y EL DEBATE

PÁGINA 259

Lee las preguntas para la reflexión y el debate en este capítulo y usa el espacio de aquí abajo para responder a aquellas preguntas que puedas contestar de inmediato. Más adelante, regresa a las preguntas que se te hicieron más difíciles e invita al Espíritu Santo para que te guie al responder.

ENSEÑANZAS

PÁGINAS 259-261

Lee las enseñanzas que aparecen en el Capítulo 18. Éstas te ayudarán a enfocarte en el contenido específico de ese capítulo. Anota en este diario cualquier pensamiento que se te venga a la mente cuando leas el resumen de las enseñanzas de este capítulo.

MEDITA • ORA • ACTÚA

MEDITACIÓN

PÁGINAS 261-262

Lee la sección de Meditación en el Capítulo 18 reflexionando detenidamente. Selecciona una palabra o una frase que sea especialmente significativa y detente a pensar sobre el significado que ésta tiene para tu vida. Anota esa palabra o frase aquí abajo y reflexiona sobre ella con frecuencia o diariamente.

SUGERENCIAS PARA LA ORACIÓN

PÁGINAS 262-263

Reza muchas veces la Oración del Penitente hasta que la sepas de memoria. Utiliza la oración para aclarar tu mente y reflexionar sobre este capítulo. Termina tu reflexión con el Salmo 50:12.

PONIENDO LA FE EN PRÁCTICA

Esta semana, como resultado de haber leído, reflexionado y respondido al Capítulo 18, me siento inspirado para . . .

19 LA UNCIÓN DE LOS ENFERMOS Y LOS MORIBUNDOS

EL SACRAMENTO DE LA UNCIÓN DE LOS ENFERMOS ES EL SEGUNDO DE LOS SACRAMENTOS DE CURACIÓN
—CIC, NÚMS. 1499-1532

LEE • REFLEXIONA • RESPONDE

ME ENCUENTRO EN PAZ

PÁGINAS 265-267

Al Cardenal Joseph Bernardin se le elogia frecuentemente como un modelo de cómo abrazar el sufrimiento y encontrar una vida nueva. ¿De qué manera te inspira su ejemplo?

LA COMPASIÓN DE CRISTO HACIA LOS ENFERMOS

PÁGINAS 267-268

Imagínate que tú eres una de las personas en el Evangelio que es curada por Jesús. ¿Cómo te ayudó esa curación para entender mejor a Dios? ¿Conoces a alguna persona que haya recibido el Sacramento de la Unción de los Enfermos? ¿Cómo le ayudó eso a la persona?

LA IMPORTANCIA PARA LA COMUNIDAD

PÁGINAS 272-273

¿Qué cree nuestra cultura sobre las enfermedades y de qué manera las enfrenta? ¿Por qué y cómo la celebración comunal del Sacramento de la Unción de los Enfermos podría considerarse contracultural?

PARA LA REFLEXIÓN Y EL DEBATE

PÁGINA 273

Lee las preguntas para la reflexión y el debate en este capítulo y usa el espacio de aquí abajo para responder a aquellas preguntas que puedas contestar de inmediato. Más adelante, regresa a las preguntas que se te hicieron más difíciles e invita al Espíritu Santo para que te guie al responder.

ENSEÑANZAS

PÁGINA 274

Lee las enseñanzas que aparecen en el Capítulo 19. Éstas te ayudarán a enfocarte en el contenido específico de ese capítulo. Anota en este diario cualquier pensamiento que se te venga a la mente cuando leas el resumen de las enseñanzas de este capítulo.

MEDITA • ORA • ACTÚA

MEDITACIÓN

PÁGINAS 274-276

Lee la sección de Meditación en el Capítulo 19 reflexionando detenidamente. Selecciona una palabra o una frase que sea especialmente significativa y detente a pensar sobre el significado que ésta tiene para tu vida. Anota esa palabra o frase aquí abajo y reflexiona sobre ella con frecuencia o diariamente.

SUGERENCIAS PARA LA ORACIÓN

PÁGINA 276

Anota en este diario las palabras o las frases más significativas del Rito Ordinario de la Unción. ¿Por qué tienen tanto significado estas palabras o frases?

PONIENDO LA FE EN PRÁCTICA

Esta semana, como resultado de haber leído, reflexionado y respondido al Capítulo 19, me siento inspirado para . . .

20 EL SACRAMENTO DEL ORDEN

EL SACRAMENTO DEL ORDEN ESTÁ AL SERVICIO DE
LA COMUNIDAD DE LA IGLESIA
—CIC, NÚMS. 1533-1600

LEE • REFLEXIONA • RESPONDE

UN OBISPO SANTO Y UN SACERDOTE SANTO

PÁGINAS 277-278

Piensa en alguna persona en tu vida que ha sido un modelo de lo que debe ser un sacerdote o un obispo. ¿De qué manera has visto a Cristo actuar en esa persona y por medio de ella?

MIRA A CRISTO, NUESTRO SUMO SACERDOTE

PÁGINAS 279-280

En la sinagoga, Jesús leyó un pasaje de Isaías 61 que describe a Jesús el Sumo Sacerdote. ¿De qué manera el sacerdote de tu parroquia continúa el ministerio sacerdotal de Jesús en tu comunidad? ¿Cómo podrías apoyarlo mejor?

LA ESPIRITUALIDAD DEL SACERDOTE

PÁGINAS 288-289

¿Por qué es un desafío el camino espiritual de un sacerdote en la sociedad de hoy?

PARA LA REFLEXIÓN Y EL DEBATE

PÁGINA 289

Lee las preguntas para la reflexión y el debate en este capítulo y usa el espacio de aquí abajo para responder a aquellas preguntas que puedas contestar de inmediato. Más adelante, regresa a las preguntas que se te hicieron más difíciles e invita al Espíritu Santo para que te guie al responder.

ENSEÑANZAS

PÁGINAS 289-290

Lee las enseñanzas que aparecen en el Capítulo 20. Éstas te ayudarán a enfocarte en el contenido específico de ese capítulo. Anota en este diario cualquier pensamiento que se te venga a la mente cuando leas el resumen de las enseñanzas de este capítulo.

MEDITA • ORA • ACTÚA

MEDITACIÓN

PÁGINA 291

Lee la sección de Meditación en el Capítulo 20 reflexionando detenidamente. Selecciona una palabra o una frase que sea especialmente significativa y detente a pensar sobre el significado que ésta tiene para tu vida. Anota esa palabra o frase aquí abajo y reflexiona sobre ella con frecuencia o diariamente.

SUGERENCIAS PARA LA ORACIÓN

PÁGINA 292

Lee el *Placeat* de las oraciones del sacerdote después de la Misa. Reflexiona sobre el don de la humildad que está presente en esa oración. ¿De qué manera puedes nutrir ese don entre los sacerdotes que conoces?

PONIENDO LA FE EN PRÁCTICA

Esta semana, como resultado de haber leído, reflexionado y respondido al Capítulo 20, me siento inspirado para . . .

21 EL SACRAMENTO DEL MATRIMONIO

EL MATRIMONIO ES UN SACRAMENTO AL SERVICIO DE LA COMUNIDAD
—CIC, NÚMS. 1601-1666

LEE • REFLEXIONA • RESPONDE

SOBRE TODO, SIERVO DE DIOS

PÁGINAS 293-294

La historia de Santo Tomás Moro ilustra algunos de los desafíos que siempre han enfrentado los matrimonios y el papel que juega la fe en el apoyo y sostén del matrimonio. ¿De qué manera la fe ha inspirado, apoyado y sostenido el matrimonio de los católicos que tú conoces?

DIOS ES EL AUTOR DEL MATRIMONIO

PÁGINA 295

En los matrimonios que tú has visto, ¿cómo se vive la fidelidad, la ternura y el amor de Dios? ¿Qué es lo que ayuda a estas personas casadas a vivir diariamente estos ideales?

FORTALECER EL MATRIMONIO

PÁGINAS 301-303

¿Cuáles personas casadas en tu vida dan testimonio del poder de la entrega total del amor en el matrimonio? ¿Cómo lo hacen?

PARA LA REFLEXIÓN Y EL DEBATE

PÁGINA 306

Lee las preguntas para la reflexión y el debate en este capítulo y usa el espacio de aquí abajo para responder a aquellas preguntas que puedas contestar de inmediato. Más adelante, regresa a las preguntas que se te hicieron más difíciles e invita al Espíritu Santo para que te guie al responder.

ENSEÑANZAS

PÁGINAS 306-307

Lee las enseñanzas que aparecen en el Capítulo 21. Éstas te ayudarán a enfocarte en el contenido específico de ese capítulo. Anota en este diario cualquier pensamiento que se te venga a la mente cuando leas el resumen de las enseñanzas de este capítulo.

MEDITA • ORA • ACTÚA

MEDITACIÓN

PÁGINAS 307-309

Lee la sección de Meditación en el Capítulo 21 reflexionando detenidamente. Selecciona una palabra o una frase que sea especialmente significativa y detente a pensar sobre el significado que ésta tiene para tu vida. Anota esa palabra o frase aquí abajo y reflexiona sobre ella con frecuencia o diariamente.

SUGERENCIAS PARA LA ORACIÓN

PÁGINA 309

Reza la Bendición de la Familia. Repítela con frecuencia durante tus reflexiones sobre este capítulo.

Anota la frase de Oseas en este diario. Reflexiona sobre ella mientras que lees acerca del Sacramento del Matrimonio.

PONIENDO LA FE EN PRÁCTICA

Esta semana, como resultado de haber leído, reflexionado y respondido al Capítulo 21, me siento inspirado para . . .

22 SACRAMENTALES Y DEVOCIONES POPULARES

FORMAS DE PIEDAD POPULAR
—CIC, NÚMS. 1667-1679

LEE • REFLEXIONA • RESPONDE

EL SACERDOTE DEL ROSARIO

PÁGINAS 311-313

¿De qué manera las devociones populares como el Rosario te dan a conocer el poder y el amor de Dios por ti? ¿Qué otros objetos, acciones u oraciones te ayudan a estar más consciente de Dios y de su presencia?

LAS BENDICIONES

PÁGINA 314

Recuerda esos momentos en tu vida cuando recibiste una bendición como, por ejemplo, la bendición que te dio uno de tus padres al momento de acostarte. ¿De qué manera estas bendiciones te hicieron estar más consciente de la presencia de Dios en tu vida?

EL ROSARIO

PÁGINAS 316-319

¿Cómo es que rezar el Rosario te ha ayudado a entender más profundamente el Evangelio y tu respuesta a Cristo?

PARA LA REFLEXIÓN Y EL DEBATE

PÁGINA 320

Lee las preguntas para la reflexión y el debate en este capítulo y usa el espacio de aquí abajo para responder a aquellas preguntas que puedas contestar de inmediato. Más adelante, regresa a las preguntas que se te hicieron más difíciles e invita al Espíritu Santo para que te guie al responder.

ENSEÑANZAS

PÁGINA 321

Lee las enseñanzas que aparecen en el Capítulo 22. Éstas te ayudarán a enfocarte en el contenido específico de ese capítulo. Anota en este diario cualquier pensamiento que se te venga a la mente cuando leas el resumen de las enseñanzas de este capítulo.

MEDITA • ORA • ACTÚA

MEDITACIÓN

PÁGINAS 321-322

Lee la sección de Meditación en el Capítulo 22 reflexionando detenidamente. Selecciona una palabra o una frase que sea especialmente significativa y detente a pensar sobre el significado que ésta tiene para tu vida. Anota esa palabra o frase aquí abajo y reflexiona sobre ella con frecuencia o diariamente.

SUGERENCIAS PARA LA ORACIÓN

PÁGINA 322

Lee bien la Bendición de la Mesa antes de Comer y la Bendición de la Mesa después de Comer. Incorpora estas dos oraciones en tu vida diaria.

PONIENDO LA FE EN PRÁCTICA

Esta semana, como resultado de haber leído, reflexionado y respondido al Capítulo 22, me siento inspirado para . . .

TERCERA PARTE

LA MORALIDAD CRISTIANA: LA FE VIVIDA

23 LA VIDA EN CRISTO — PRIMERA PARTE

LOS CIMIENTOS DE LA VIDA MORAL CRISTIANA
—CIC, NÚMS. 1691-2082

LEE • REFLEXIONA • RESPONDE

JESÚS EL MAESTRO

PÁGINAS 325-327

Las Bienaventuranzas son la base para un auténtico discipulado cristiano y el camino para alcanzar la felicidad plena. ¿A cuál de las Bienaventuranzas la has convertido en parte de tu vida y de qué manera? ¿Cuál de las Bienaventuranzas te parece que te presenta un mayor desafío? ¿Por qué?

EL EJERCICIO RESPONSABLE DE LA LIBERTAD

PÁGINA 329

Como estadounidenses, defendemos la libertad del individuo. A veces el ejercicio de esta libertad está en desacuerdo con las enseñanzas de la Iglesia. ¿De qué manera vives y utilizas esa libertad en forma responsable?

EL ENTENDIMIENTO DE ACTOS MORALES

PÁGINAS 330-331

Esta sección describe los tres elementos que constituyen un acto moral bueno. ¿De qué manera te ayudan estos tres elementos a vivir como cristiano o cristiana?

CONFIANZA EN LA MISERICORDIA DE DIOS

PÁGINAS 331-332

¿En qué momentos le has pedido misericordia a Dios? ¿De qué manera te afecta, como hijo o hija de Dios, el saber que tú puedes contar con su misericordia?

LA EXCELENCIA DE LAS VIRTUDES

PÁGINAS 334-337

Crecer en virtud es un objetivo importante. ¿Qué es lo que te ayuda a alcanzar este objetivo? ¿De qué manera te ayuda a crecer en virtud el hecho que eres parte de la Iglesia?

AMOR, NORMAS Y GRACIA

PÁGINAS 337-338

Tu conciencia es el compás moral que te ayudará a hacer lo correcto. Ahora de adulto, ¿de qué manera continúas formando tu conciencia? ¿Cuál de las enseñanzas en este capítulo te puede ayudar a desarrollar más tu conciencia?

PARA LA REFLEXIÓN Y EL DEBATE

PÁGINA 338

Lee las preguntas para la reflexión y el debate en este capítulo y usa el espacio de aquí abajo para responder a aquellas preguntas que puedas contestar de inmediato. Más adelante, regresa a las preguntas que se te hicieron más difíciles e invita al Espíritu Santo para que te guie al responder.

ENSEÑANZAS

PÁGINAS 338-340

Lee las enseñanzas que aparecen en el Capítulo 23. Éstas te ayudarán a enfocarte en el contenido específico de ese capítulo. Anota en este diario cualquier pensamiento que se te venga a la mente cuando leas el resumen de las enseñanzas de este capítulo.

MEDITACIÓN

PÁGINA 340

Lee la sección de Meditación en el Capítulo 23 reflexionando detenidamente. Selecciona una palabra o una frase que sea especialmente significativa y detente a pensar sobre el significado que ésta tiene para tu vida. Anota esa palabra o frase aquí abajo y reflexiona sobre ella con frecuencia o diariamente.

SUGERENCIAS PARA LA ORACIÓN

PÁGINA 341

Usa este pasaje de la Carta a los Hebreos para orar al Dios de la paz, pidiéndole que te dé un corazón de paz y que te ayude a ser un catalizador para la paz en tu hogar.

PONIENDO LA FE EN PRÁCTICA

Esta semana, como resultado de haber leído, reflexionado y respondido al Capítulo 23, me siento inspirado para . . .

24 LA VIDA EN CRISTO — SEGUNDA PARTE

LOS PRINCIPIOS DE LA VIDA MORAL CRISTIANA
—CIC, NÚMS. 1691-2082

LEE • REFLEXIONA • RESPONDE

UN CABALLERO CRISTIANO, TEMEROSO DE DIOS

PÁGINAS 343-344

Cesar Chávez fue guidado por la Regla de Oro. ¿Cumples tú con eso de "traten a los demás como quieren que ellos los traten a ustedes" (Mt 7:12)?

CONCIENCIA SOLIDARIA Y JUSTICIA SOCIAL

PÁGINAS 345-347

¿Tienen cabida en tu vida el prejuicio y la parcialidad? ¿Qué puedes hacer para eliminarlos?

LA LEY DE DIOS COMO NUESTRA GUÍA

PÁGINAS 347-349

Los Diez Mandamientos no pueden servirnos de guía a menos que nosotros tomemos consciencia de ellos. Estudia bien los Diez Mandamientos que aparecen en el recuadro. ¿En qué forma te guían estos Mandamientos en tus esfuerzos para vivir una vida verdaderamente cristiana?

LOS DIEZ MANDAMIENTOS

1. Amarás a Dios sobre todas las cosas.
2. No tomarás el nombre de Dios en vano.
3. Santificarás las fiestas.
4. Honrarás a tu padre y a tu madre.
5. No matarás.
6. No cometerás actos impuros.
7. No robarás.
8. No darás falso testimonio ni mentirás.
9. No consentirás pensamientos ni deseos impuros.
10. No codiciarás los bienes ajenos

—*Compendio del Catecismo de la Iglesia Católica,* págs. 131-133

GRACIA Y JUSTIFICACIÓN

PÁGINAS 349-350

Mucha gente tiende a ser autosuficiente e independiente. Cuando vamos madurando nos damos cuenta que no podemos vivir una vida moral sin la ayuda de la gracia de Dios. Piensa en alguna ocasión en la que te sentiste débil y vulnerable. ¿Cómo te diste cuenta que te estaba sosteniendo la gracia de Dios?

LA IGLESIA COMO MADRE Y MAESTRA

PÁGINAS 350-352

Además de la gracia de Dios, se nos ha dado a la Iglesia como madre y maestra para ayudarnos a vivir una vida moral. ¿En qué forma te mantienes informado o informada de las enseñanzas de la Iglesia que llegan a ti por medio del papa y los obispos?

VIVIENDO CON FE Y ESPERANZA DESPUÉS DEL 11 DE SETIEMBRE

PÁGINAS 352-356

El 11 de setiembre de 2001 es un día inolvidable en la historia de Estados Unidos. ¿Cómo te sostuvo tu fe en esos momentos? ¿Cómo te puede sostener la fe durante cualquier crisis?

PARA LA REFLEXIÓN Y EL DEBATE

PÁGINA 356

Lee las preguntas para la reflexión y el debate en este capítulo y usa el espacio de aquí abajo para responder a aquellas preguntas que puedas contestar de inmediato. Más adelante, regresa a las preguntas que se te hicieron más difíciles e invita al Espíritu Santo para que te guie al responder.

ENSEÑANZAS

PÁGINAS 356-358

Lee las enseñanzas que aparecen en el Capítulo 24. Éstas te ayudarán a enfocarte en el contenido específico de ese capítulo. Anota en este diario cualquier pensamiento que se te venga a la mente cuando leas el resumen de las enseñanzas de este capítulo.

MEDITA • ORA • ACTÚA

MEDITACIÓN

PÁGINAS 358-359

Lee la sección de Meditación en el Capítulo 24 reflexionando detenidamente. Selecciona una palabra o una frase que sea especialmente significativa y detente a pensar sobre el significado que ésta tiene para tu vida. Anota esa palabra o frase aquí abajo y reflexiona sobre ella con frecuencia o diariamente.

SUGERENCIAS PARA LA ORACIÓN

PÁGINA 359

A diario escuchamos noticias sobre guerras, violencia y crímenes. Raramente escuchamos buenas noticias en los medios de comunicación. Esto puede debilitar la esperanza. Reza el Acto de Esperanza que aparece al final de este capítulo, recordando que tu esperanza está arraigada en Dios y en sus promesas, no en las cosas de este mundo.

PONIENDO LA FE EN PRÁCTICA

Esta semana, como resultado de haber leído, reflexionado y respondido al Capítulo 24, me siento inspirado para . . .

25 EL PRIMER MANDAMIENTO

"YO SOY EL SEÑOR, TU DIOS [. . .] NO TENDRÁS
OTROS DIOSES FUERA DE MI" (Ex 20:2-3)
—CIC, NÚMS. 2083-2141

LEE • REFLEXIONA • RESPONDE

UNA APÓSTOL LAICA DEL SIGLO XXI

PÁGINAS 361-363

¿Es Dios lo más importante en tu vida? Si es así, ¿cómo mantienes supremo a Dios por encima de todo lo demás? Si no es así, hay algo en la vida de Catherine de Hueck Doherty que te inspire a cambiar?

EL PRIMER MANDAMIENTO

PÁGINAS 363-365

¿De qué manera te ayuda la práctica de las Virtudes Teologales —fe, esperanza y caridad— a obedecer el Primer Mandamiento?

TEMAS RELACIONADOS

PÁGINAS 365-368

Piensa en algún momento de tu vida en el que no supiste la respuesta a una pregunta vital de fe. ¿Qué sentiste al no saberla? ¿Cómo fue que encontraste la respuesta?

LA SANTIDAD DE DIOS EN LA VIDA DIARIA

PÁGINAS 368-369

¿De qué manera tu creencia en Dios te guía para vivir como vives?

PARA LA REFLEXIÓN Y EL DEBATE

PÁGINA 369

Lee las preguntas para la reflexión y el debate en este capítulo y usa el espacio de aquí abajo para responder a aquellas preguntas que puedas contestar de inmediato. Más adelante, regresa a las preguntas que se te hicieron más difíciles e invita al Espíritu Santo para que te guie al responder.

ENSEÑANZAS

PÁGINAS 370-371

Lee las enseñanzas que aparecen en el Capítulo 25. Éstas te ayudarán a enfocarte en el contenido específico de ese capítulo. Anota en este diario cualquier pensamiento que se te venga a la mente cuando leas el resumen de las enseñanzas de este capítulo.

MEDITA • ORA • ACTÚA

MEDITACIÓN

PÁGINA 371

Lee la sección de Meditación en el Capítulo 25 reflexionando detenidamente. Selecciona una palabra o una frase que sea especialmente significativa y detente a pensar sobre el significado que ésta tiene para tu vida. Anota esa palabra o frase aquí abajo y reflexiona sobre ella con frecuencia o diariamente.

SUGERENCIAS PARA LA ORACIÓN

PÁGINAS 371-372

El Acto de Caridad es una oración católica tradicional que hace eco al Primer Mandamiento y a la Oración del Señor. Apréndete esta oración de memoria y rézala con frecuencia.

PONIENDO LA FE EN PRÁCTICA

Esta semana, como resultado de haber leído, reflexionado y respondido al Capítulo 25, me siento inspirado para . . .

26 EL SEGUNDO MANDAMIENTO

"NO HARÁS MAL USO DEL NOMBRE
DEL SEÑOR, TU DIOS" (Ex 20:7)
—CIC, NÚMS. 2142-2167

LEE • REFLEXIONA • RESPONDE

JOB: EL HOMBRE POBRE ALABA A DIOS

PÁGINAS 373-375

Piensa en alguna ocasión en la que experimentaste un sufrimiento. ¿De qué manera esta experiencia hizo que te acercaras más a Dios?

EL NOMBRE DE DIOS

PÁGINAS 375-378

En un país en donde se celebra la libertad de expresión, muchas veces esa misma libertad es llevada al máximo. ¿De qué manera respondes cuando alguien usa en forma irrespetuosa el nombre de Dios en tu hogar o en tu centro de trabajo?

QUE ADMIRABLE ES TU NOMBRE

PÁGINAS 378-380

Si alguien hace mal uso del nombre de Dios en tu presencia, ¿cómo desafía eso tu capacidad para recordar que el nombre de Dios es santo?

PARA LA REFLEXIÓN Y EL DEBATE

PÁGINA 380

Lee las preguntas para la reflexión y el debate en este capítulo y usa el espacio de aquí abajo para responder a aquellas preguntas que puedas contestar de inmediato. Más adelante, regresa a las preguntas que se te hicieron más difíciles e invita al Espíritu Santo para que te guie al responder.

ENSEÑANZAS

PÁGINAS 380-381

Lee las enseñanzas que aparecen en el Capítulo 26. Éstas te ayudarán a enfocarte en el contenido específico de ese capítulo. Anota en este diario cualquier pensamiento que se te venga a la mente cuando leas el resumen de las enseñanzas de este capítulo.

MEDITA • ORA • ACTÚA

MEDITACIÓN

PÁGINA 381

Lee la sección de Meditación en el Capítulo 26 reflexionando detenidamente. Selecciona una palabra o una frase que sea especialmente significativa y detente a pensar sobre el significado que ésta tiene para tu vida. Anota esa palabra o frase aquí abajo y reflexiona sobre ella con frecuencia o diariamente.

SUGERENCIAS PARA LA ORACIÓN

PÁGINA 382

El pasaje del Salmo 102 dice "Bendito sea su santo nombre". Recita esto en silencio cada vez que escuches que alguien usa el nombre de Dios en vano.

PONIENDO LA FE EN PRÁCTICA

Esta semana, como resultado de haber leído, reflexionado y respondido al Capítulo 26, me siento inspirado para . . .

27 EL TERCER MANDAMIENTO

ACUÉRDATE DE SANTIFICAR EL DÍA DEL SEÑOR
—CIC, NÚMS. 2168-2195

LEE • REFLEXIONA • RESPONDE

LA MISA ES LA QUE CUENTA

PÁGINAS 383-385

A pesar de haber encontrado muchos obstáculos, el Padre Gallitzin y el Padre Fitton les brindaron a los fieles de su época la oportunidad de asistir a la Misa. ¿De qué manera apoyas a los sacerdotes que hacen posible que puedas asistir regularmente a la Misa?

EL DÍA DEL SÁBADO

PÁGINA 385

La historia bíblica del sábado demuestra que era un día de culto a Dios y de relajación con la familia. ¿De qué manera tú y tu familia hacen especial el día domingo? La tradición de tu día domingo, ¿refleja este propósito bíblico?

ESTE ES EL DÍA QUE HA HECHO EL SEÑOR

PÁGINAS 386-387

¿De qué manera ha madurado tu participación en la Eucaristía?

¿POR QUÉ IR A LA IGLESIA LOS DOMINGOS?

PÁGINAS 388-389

Asistir a Misa el día domingo es la acción más importante de la semana. ¿Qué haces para que la Misa dominical sea una prioridad en tu vida y en tu familia? ¿Hay algo más que puedas hacer para convertirla en una prioridad?

RESTABLECER EL DOMINGO

PÁGINAS 389-391

Hay muchas cosas en nuestra sociedad que luchan contra el aspecto religioso del día domingo. ¿De qué manera tratas de mantener al día domingo como un día para Dios y para la familia?

PARA LA REFLEXIÓN Y EL DEBATE

PÁGINAS 391-392

Lee las preguntas para la reflexión y el debate en este capítulo y usa el espacio de aquí abajo para responder a aquellas preguntas que puedas contestar de inmediato. Más adelante, regresa a las preguntas que se te hicieron más difíciles e invita al Espíritu Santo para que te guie al responder.

ENSEÑANZAS

PÁGINA 392

Lee las enseñanzas que aparecen en el Capítulo 27. Éstas te ayudarán a enfocarte en el contenido específico de ese capítulo. Anota en este diario cualquier pensamiento que se te venga a la mente cuando leas el resumen de las enseñanzas de este capítulo.

MEDITA • ORA • ACTÚA

MEDITACIÓN

PÁGINA 393

Lee la sección de Meditación en el Capítulo 27 reflexionando detenidamente. Selecciona una palabra o una frase que sea especialmente significativa y detente a pensar sobre el significado que ésta tiene para tu vida. Anota esa palabra o frase aquí abajo y reflexiona sobre ella con frecuencia o diariamente.

SUGERENCIAS PARA LA ORACIÓN

PÁGINA 394

Selecciona una de las tres primeras líneas del Salmo 94 que aparece al final de este capítulo. Repite esa línea como una oración de alabanza al Señor, quien es un Dios grande.

PONIENDO LA FE EN PRÁCTICA

Esta semana, como resultado de haber leído, reflexionado y respondido al Capítulo 27, me siento inspirado para . . .

28 EL CUARTO MANDAMIENTO

HONRA A TU PADRE Y A TU MADRE
—CIC, NÚMS. 2196-2257

LEE • REFLEXIONA • RESPONDE

UN MATRIMONIO ENTRE LOS BENDITOS

PÁGINAS 395-397

¿De qué manera te identificas con la historia de Beatos María y Luigi Quattrochi? ¿Cuál mensaje de su vida familiar te gustaría que escuchase tu familia?

LA FAMILIA CRISTIANA

PÁGINAS 397-398

¿De qué manera puede ayudar a tu familia practicar el Cuarto Mandamiento?

LA IGLESIA DOMÉSTICA

PÁGINAS 398-399

Los gobiernos y las organizaciones tratan constantemente de redefinir a la familia. Entre las descripciones de "familia" que encontramos en esta sección, ¿reconoces a tu familia? ¿De qué manera?

EL AMOR DE LOS HIJOS POR SUS PADRES

PÁGINAS 399-400

Si tienes niños, o si trabajas con niños, ¿cómo les enseñas a mostrar amor por sus padres?

EL AMOR DE LOS PADRES POR SUS HIJOS

PÁGINAS 400-401

¿De qué manera ha influenciado tu relación con tus padres en tus ideas sobre la manera de cuidar a tus hijos? Si tienes hijos, ¿de qué manera le muestras tu amor a cada uno de ellos?

LA FAMILIA Y LA SOCIEDAD

PÁGINAS 401-403

¿Cuán activo o activa eres para promover los derechos de la familia dentro de tu parroquia? ¿En tu escuela? ¿En tu centro de trabajo? ¿En tu país?

DA TESTIMONIO DE FIDELIDAD EN EL MATRIMONIO

PÁGINA 404

¿Qué es lo que hace tu familia para encontrar el tiempo para reunirse? ¿De qué manera puedes mejorar la calidad y cantidad de ese tiempo?

PARA LA REFLEXIÓN Y EL DEBATE

PÁGINAS 404-405

Lee las preguntas para la reflexión y el debate en este capítulo y usa el espacio de aquí abajo para responder a aquellas preguntas que puedas contestar de inmediato. Más adelante, regresa a las preguntas que se te hicieron más difíciles e invita al Espíritu Santo para que te guie al responder.

ENSEÑANZAS

PÁGINAS 405-406

Lee las enseñanzas que aparecen en el Capítulo 28. Éstas te ayudarán a enfocarte en el contenido específico de ese capítulo. Anota en este diario cualquier pensamiento que se te venga a la mente cuando leas el resumen de las enseñanzas de este capítulo.

MEDITACIÓN

PÁGINAS 406-407

Lee la sección de Meditación en el Capítulo 28 reflexionando detenidamente. Selecciona una palabra o una frase que sea especialmente significativa y detente a pensar sobre el significado que ésta tiene para tu vida. Anota esa palabra o frase aquí abajo y reflexiona sobre ella con frecuencia o diariamente.

SUGERENCIAS PARA LA ORACIÓN

PÁGINA 407

Si tienes hijos, es muy importante que te vean rezar. Reza con tu familia la Bendición de los Padres a sus Hijos, quizás puedan hacerlo al terminar la cena familiar.

PONIENDO LA FE EN PRÁCTICA

Esta semana, como resultado de haber leído, reflexionado y respondido al Capítulo 28, me siento inspirado para . . .

29 EL QUINTO MANDAMIENTO

NO MATARÁS
—CIC, NÚMS. 2258-2330

LEE • REFLEXIONA • RESPONDE

LA HISTORIA DE DOROTHY DAY

PÁGINAS 409-411

¿Qué es lo que más destaca en la vida de Dorothy Day?

RESPETAR LA VIDA HUMANA

PÁGINAS 411-412

Esta sección nos muestra tres retos para defender el Quinto Mandamiento. De estos tres, ¿cuál crees que es el más serio y por qué? ¿Qué puedes hacer para enfrentarte a ese reto?

TEMAS DE LA VIDA A LOS QUE NOS ENFRENTAMOS

PÁGINAS 412-423

¿De qué manera fomenta nuestra sociedad una cultura de vida?

¿Cómo te ayudan a formar tus opiniones las enseñanzas de la Iglesia sobre lo sagrado de la vida humana?

PARA LA REFLEXIÓN Y EL DEBATE

PÁGINA 423

Lee las preguntas para la reflexión y el debate en este capítulo y usa el espacio de aquí abajo para responder a aquellas preguntas que puedas contestar de inmediato. Más adelante, regresa a las preguntas que se te hicieron más difíciles e invita al Espíritu Santo para que te guie al responder.

ENSEÑANZAS

PÁGINAS 423-425

Lee las enseñanzas que aparecen en el Capítulo 29. Éstas te ayudarán a enfocarte en el contenido específico de ese capítulo. Anota en este diario cualquier pensamiento que se te venga a la mente cuando leas el resumen de las enseñanzas de este capítulo.

MEDITA • ORA • ACTÚA

MEDITACIÓN

PÁGINA 425

Lee la sección de Meditación en el Capítulo 29 reflexionando detenidamente. Selecciona una palabra o una frase que sea especialmente significativa y detente a pensar sobre el significado que ésta tiene para tu vida. Anota esa palabra o frase aquí abajo y reflexiona sobre ella con frecuencia o diariamente.

SUGERENCIAS PARA LA ORACIÓN

PÁGINA 426

Esta oración de San Francisco de Asís es una de las oraciones más queridas. Ahora que has reflexionado en este capítulo sobre los temas de la vida y la muerte, permite que esta oración de paz sea una fuente de consuelo.

PONIENDO LA FE EN PRÁCTICA

Esta semana, como resultado de haber leído, reflexionado y respondido al Capítulo 29, me siento inspirado para . . .

30 EL SEXTO MANDAMIENTO

NO COMETERÁS ADULTERIO
—CIC, NÚMS. 2331-2400

LEE • REFLEXIONA • RESPONDE

PRACTICA LA FIDELIDAD MATRIMONIAL

PÁGINA 429

La Iglesia enseña que la sexualidad involucra a toda la persona: la unidad del cuerpo y del alma. ¿Cómo se diferencia esta enseñanza de la forma en la que algunos segmentos de nuestra sociedad presentan la sexualidad?

LA CASTIDAD

PÁGINAS 429-432

Esta sección nos enseña sobre la castidad y sobre los diversos pecados cometidos contra esta virtud. ¿Cómo puede conservarse casto un cristiano en un mundo en el que existen tantos de estos pecados?

EL AMOR DEL MARIDO Y LA MUJER

PÁGINAS 432-433

Dios ha establecido un nexo inseparable entre el amor unitivo y los aspectos procreadores del matrimonio. A tu parecer, ¿de qué manera forman estos dos aspectos del matrimonio un solo nexo entre marido y mujer?

EL VÍNCULO DE LA FERTILIDAD Y EL AMOR

PÁGINAS 433-434

La planificación familiar natural (PFN) les permite a muchas parejas permanecer fieles al designio de Dios para el matrimonio mientras que consiguen el embarazo o dejan pasar cierto tiempo entre uno y otro embarazo. ¿De qué manera la PFN ayuda a fortalecer los matrimonios?

AMENAZAS AL MATRIMONIO

PÁGINAS 434-435

Hoy en día el número de personas que se unen en matrimonio está disminuyendo. ¿Por qué crees que está pasando esto? A tu parecer, ¿cuál es la peor amenaza al matrimonio?

LA TEOLOGÍA DEL CUERPO

PÁGINAS 436-438

¿Qué le dice a nuestro mundo el mensaje del Papa Juan Pablo II sobre la teología del cuerpo? ¿Cómo pueden los padres de familia usar esta visión para hablarles a sus hijos sobre el respeto a sí mismos y hacia los demás, tanto en lo espiritual como en lo físico?

PARA LA REFLEXIÓN Y EL DEBATE

PÁGINA 439

Lee las preguntas para la reflexión y el debate en este capítulo y usa el espacio de aquí abajo para responder a aquellas preguntas que puedas contestar de inmediato. Más adelante, regresa a las preguntas que se te hicieron más difíciles e invita al Espíritu Santo para que te guie al responder.

ENSEÑANZAS

PÁGINAS 439-440

Lee las enseñanzas que aparecen en el Capítulo 30. Éstas te ayudarán a enfocarte en el contenido específico de ese capítulo. Anota en este diario cualquier pensamiento que se te venga a la mente cuando leas el resumen de las enseñanzas de este capítulo.

MEDITA • ORA • ACTÚA

MEDITACIÓN

PÁGINAS 440-441

Lee la sección de Meditación en el Capítulo 30 reflexionando detenidamente. Selecciona una palabra o una frase que sea especialmente significativa y detente a pensar sobre el significado que ésta tiene para tu vida. Anota esa palabra o frase aquí abajo y reflexiona sobre ella con frecuencia o diariamente.

SUGERENCIAS PARA LA ORACIÓN

PÁGINA 441

Permite que esta oración del Rito del Matrimonio te recuerde que al estado matrimonial se le otorga una dignidad especial por medio del Sacramento del Matrimonio. Hoy día reza por todas las parejas que conozcas y que tú sepas que están teniendo dificultades en su matrimonio y pídele a Dios que las bendiga y las fortalezca.

PONIENDO LA FE EN PRÁCTICA

Esta semana, como resultado de haber leído, reflexionado y respondido al Capítulo 30, me siento inspirado para . . .

31 EL SÉPTIMO MANDAMIENTO

NO ROBARÁS
—CIC, NÚMS. 2401-2463

LEE • REFLEXIONA • RESPONDE

LA MADRE JOSEPH: UNA MONJA DEL OESTE AMERICANO

PÁGINAS 443-444

Piensa en alguien hoy cuya actitud hacia los pobres sea igual a la de la Madre Joseph. ¿Por qué es que la sociedad admira a las personas que responden a las necesidades de los pobres? ¿Cómo respondes tú a esas necesidades?

RESPETA A LA GENTE Y A SUS POSESIONES

PÁGINA 445

En tu hogar, en tu centro de trabajo o en tu comunidad, ¿dónde ves que se practica el Séptimo Mandamiento? ¿Dónde ves que se abusa de este Mandamiento?

PRACTICA LA ENSEÑANZA SOCIAL DE LA IGLESIA

PÁGINAS 446-451

¿Cuáles de los temas de las enseñanzas sociales de la Iglesia crees tú que se están cumpliendo? ¿Cómo, dónde y por quién o quiénes? ¿Cuáles de estos temas crees que se están descuidando? ¿Cómo, dónde y por quién o quiénes?

LOS POBRES ENTRE NOSOTROS

PÁGINAS 451-452

¿Cómo cuida tu parroquia a los pobres? ¿En cuáles de las actividades de acción social de tu parroquia participas tú? Si aún no estás participando en este ministerio, ¿qué puedes hacer para involucrarte en él? ¿A quién puedes contactar para averiguar acerca de estas oportunidades?

PARA LA REFLEXIÓN Y EL DEBATE

PÁGINA 452

Lee las preguntas para la reflexión y el debate en este capítulo y usa el espacio de aquí abajo para responder a aquellas preguntas que puedas contestar de inmediato. Más adelante, regresa a las preguntas que se te hicieron más difíciles e invita al Espíritu Santo para que te guie al responder.

ENSEÑANZAS

PÁGINAS 452-454

Lee las enseñanzas que aparecen en el Capítulo 31. Éstas te ayudarán a enfocarte en el contenido específico de ese capítulo. Anota en este diario cualquier pensamiento que se te venga a la mente cuando leas el resumen de las enseñanzas de este capítulo.

MEDITA • ORA • ACTÚA

MEDITACIÓN

PÁGINAS 454-455

Lee la sección de Meditación en el Capítulo 31 reflexionando detenidamente. Selecciona una palabra o una frase que sea especialmente significativa y detente a pensar sobre el significado que ésta tiene para tu vida. Anota esa palabra o frase aquí abajo y reflexiona sobre ella con frecuencia o diariamente.

SUGERENCIAS PARA LA ORACIÓN

PÁGINA 455

Ora, así como lo hizo el profeta Amós, para que la justicia y la bondad florezcan en tu hogar, en tu parroquia, en tu centro de trabajo y en nuestro mundo.

PONIENDO LA FE EN PRÁCTICA

Esta semana, como resultado de haber leído, reflexionado y respondido al Capítulo 31, me siento inspirado para . . .

32 EL OCTAVO MANDAMIENTO

NO DARÁS FALSO TESTIMONIO CONTRA TU PRÓJIMO
—CIC, NÚMS. 2464-2513

LEE • REFLEXIONA • RESPONDE

DI LA VERDAD Y VIVE LA VERDAD

PÁGINAS 459-460

Vivimos en un mundo en donde la verdad objetiva es negada. Sin embargo, como cristianos, poseemos una cantidad de verdades objetivas: los Diez Mandamientos, las Bienaventuranzas, las enseñanzas de Cristo, las enseñanzas de la Iglesia. ¿De qué manera te ayudan estas verdades a evitar el relativismo o la ambigüedad para entender y vivir lo que es correcto y evitar lo que es erróneo?

PECADOS CONTRA LA VERDAD

PÁGINAS 460-462

¿Cómo puedes vivir las verdades de tu fe dentro de una sociedad que quizás no esté de acuerdo con tus creencias?

EL DERECHO A SABER LA VERDAD

PÁGINAS 462-465

Todo el día estamos expuestos a las noticias. Con frecuencia, esas noticias vienen acompañadas de diversas opiniones: se hace difícil llegar a conocer la verdad "real". ¿Cómo navegas tú estos diversos canales de información para llegar a la verdad que necesitas conocer para así formar tus propias opiniones?

PARA LA REFLEXIÓN Y EL DEBATE

PÁGINA 465

Lee las preguntas para la reflexión y el debate en este capítulo y usa el espacio de aquí abajo para responder a aquellas preguntas que puedas contestar de inmediato. Más adelante, regresa a las preguntas que se te hicieron más difíciles e invita al Espíritu Santo para que te guie al responder.

ENSEÑANZAS

PÁGINAS 465-466

Lee las enseñanzas que aparecen en el Capítulo 32. Éstas te ayudarán a enfocarte en el contenido específico de ese capítulo. Anota en este diario cualquier pensamiento que se te venga a la mente cuando leas el resumen de las enseñanzas de este capítulo.

MEDITA • ORA • ACTÚA

MEDITACIÓN

PÁGINAS 466-467

Lee la sección de Meditación en el Capítulo 32 reflexionando detenidamente. Selecciona una palabra o una frase que sea especialmente significativa y detente a pensar sobre el significado que ésta tiene para tu vida. Anota esa palabra o frase aquí abajo y reflexiona sobre ella con frecuencia o diariamente.

SUGERENCIAS PARA LA ORACIÓN

PÁGINA 467

Reza la Bendición de Locales Destinados a los Medios de Comunicación Social, pidiendo que los responsables de comunicar la verdad lo hagan en una manera justa y amorosa.

PONIENDO LA FE EN PRÁCTICA

Esta semana, como resultado de haber leído, reflexionado y respondido al Capítulo 32, me siento inspirado para . . .

33 EL NOVENO MANDAMIENTO

NO CODICIARÁS LA MUJER DE TU PRÓJIMO
—CIC, NÚMS. 2514-2533

LEE • REFLEXIONA • RESPONDE

MARÍA GORETTI: UN MODELO DE PUREZA

PÁGINAS 469-470

Se pueden aprender muchas lecciones de la historia de Santa María Goretti. ¿Cuál de las lecciones tocó tu corazón? ¿Por qué?

LA MORALIDAD DEL CORAZÓN

PÁGINA 471

¿Cómo te han ayudado la oración y la acción salvadora del Espíritu Santo a resistir las tentaciones del mundo que son contrarias a la virtud de la pureza?

LA MODESTIA

PÁGINAS 471-472

Una persona modesta se viste, habla y actúa de una manera que apoya y promueve la pureza y la castidad. ¿Qué haces para tratar de ser una persona modesta?

RECUPERANDO LA MODESTIA

PÁGINAS 472-474

La tolerancia y la falta de modestia han impregnado nuestra cultura. ¿De qué manera afronta estos problemas tu familia? ¿De qué manera pueden tú y tu familia ser ejemplos de modestia cristiana, contrarios a la cultura permisiva?

PARA LA REFLEXIÓN EL DEBATE

PÁGINA 474

Lee las preguntas para la reflexión y el debate en este capítulo y usa el espacio de aquí abajo para responder a aquellas preguntas que puedas contestar de inmediato. Más adelante, regresa a las preguntas que se te hicieron más difíciles e invita al Espíritu Santo para que te guie al responder.

ENSEÑANZAS

PÁGINAS 474-475

Lee las enseñanzas que aparecen en el Capítulo 33. Éstas te ayudarán a enfocarte en el contenido específico de ese capítulo. Anota en este diario cualquier pensamiento que se te venga a la mente cuando leas el resumen de las enseñanzas de este capítulo.

MEDITA • ORA • ACTÚA

MEDITACIÓN

PÁGINAS 475-476

Lee la sección de Meditación en el Capítulo 33 reflexionando detenidamente. Selecciona una palabra o una frase que sea especialmente significativa y detente a pensar sobre el significado que ésta tiene para tu vida. Anota esa palabra o frase aquí abajo y reflexiona sobre ella con frecuencia o diariamente.

ORACIONES

PÁGINA 476

Nosotros no podemos vivir una vida virtuosa sin la gracia del Espíritu Santo. Agrega la Oración para la Pureza de Cuerpo y Corazón a tus oraciones favoritas.

PONIENDO LA FE EN PRÁCTICA

Esta semana, como resultado de haber leído, reflexionado y respondido al Capítulo 33, me siento inspirado para . . .

34 EL DÉCIMO MANDAMIENTO

NO CODICIARÁS LOS BIENES AJENOS
—CIC, NÚMS. 2534-2557

LEE • REFLEXIONA • RESPONDE

QUIERO VIVIR Y MORIR POR DIOS

PÁGINAS 477-478

El Primer Mandamiento nos llama a practicar las Virtudes Teológicas de la fe, la esperanza y la caridad. Piensa en las palabras de Henriette Delille: "Creo en Dios. Pongo mi esperanza en Dios. Lo amo y quiero vivir y morir por Dios". ¿Qué puedes hacer para adoptar como tuyas las palabras de Henriette Delille?

DONDE ESTÁ TU TESORO

PÁGINAS 479-480

Como personas bautizadas, debemos responder a la envidia con la humildad, debemos dar gracias a Dios por los dones otorgados y someternos a la providencia de Dios. ¿Qué parte de esta declaración representa un desafío para ti y por qué?

COMO SER UN CRISTIANO CORRESPONSABLE

PÁGINAS 480-484

Vivir la vida como cristiano o cristiana corresponsable supone un desafío. ¿Qué es lo que encuentras desafiante en esta sección? ¿Cómo puedes enfrentar este desafío?

BENDITO ES EL CORAZÓN GENEROSO

PÁGINAS 484-486

Vuelve a leer la sección anterior del *Catecismo para Adultos* "Cómo Ser un Cristiano Corresponsable". ¿Cómo te puede guiar este resumen para que puedas desarrollar un corazón aún más generoso?

PARA LA REFLEXIÓN Y EL DEBATE

PÁGINA 486

Lee las preguntas para la reflexión y el debate en este capítulo y usa el espacio de aquí abajo para responder a aquellas preguntas que puedas contestar de inmediato. Más adelante, regresa a las preguntas que se te hicieron más difíciles e invita al Espíritu Santo para que te guie al responder.

ENSEÑANZAS

PÁGINAS 486-487

Lee las enseñanzas que aparecen en el Capítulo 34. Éstas te ayudarán a enfocarte en el contenido específico de ese capítulo. Anota en este diario cualquier pensamiento que se te venga a la mente cuando leas el resumen de las enseñanzas de este capítulo.

MEDITA • ORA • ACTÚA

MEDITACIÓN

PÁGINA 487

Lee la sección de Meditación en el Capítulo 34 reflexionando detenidamente. Selecciona una palabra o una frase que sea especialmente significativa y detente a pensar sobre el significado que ésta tiene para tu vida. Anota esa palabra o frase aquí abajo y reflexiona sobre ella con frecuencia o diariamente.

SUGERENCIAS PARA LA ORACIÓN

PÁGINAS 488-489

Lee la oración de San Francisco de Asís reflexionando detenidamente. Selecciona la parte que más te haya gustado. Piensa en ella quedamente y deja que te llegue al corazón.

PONIENDO LA FE EN PRÁCTICA

Esta semana, como resultado de haber leído, reflexionado y respondido al Capítulo 34, me siento inspirado para . . .

CUARTA PARTE

LA ORACIÓN:
LA FE ORADA

35 DIOS NOS LLAMA A ORAR

LOS CIMIENTOS DE LA ORACIÓN
—CIC, NÚMS. 2558-2758

LEE • REFLEXIONA • RESPONDE

LA HORA QUE ALEGRÓ SU DÍA

PÁGINAS 493-495

¿De qué manera ha cultivado tu oración diaria un amor más profundo por Jesús y una relación más estrecha con él? ¿Cuáles son los desafíos que te dificultan la práctica de la oración diaria? ¿Qué cosas apoyan esta práctica?

LA LLAMADA UNIVERSAL DE DIOS A LA ORACIÓN

PÁGINAS 495-505

Esta sección describe muchas fuentes de oración y maneras de rezar. ¿Cuál es la que hoy capta y expresa mejor tu peregrinaje de fe y tu relación con Dios? ¿Qué puedes hacer para incorporarla más en tu vida diaria?

"OREN SIN CESAR" (1 TS 5:17)

PÁGINAS 509-511

¿De qué manera te conecta tu oración diaria a la liturgia de la Iglesia, en especial, a la Eucaristía y te ayuda a participar más profundamente? ¿De qué manera te ayuda la liturgia de la Iglesia a comprender mejor tu oración diaria?

PARA LA REFLEXIÓN Y EL DEBATE

PÁGINA 511

Lee las preguntas para la reflexión y el debate en este capítulo y usa el espacio de aquí abajo para responder a aquellas preguntas que puedas contestar de inmediato. Más adelante, regresa a las preguntas que se te hicieron más difíciles e invita al Espíritu Santo para que te guie al responder.

ENSEÑANZAS

PÁGINAS 511-513

Lee las enseñanzas que aparecen en el Capítulo 35. Éstas te ayudarán a enfocarte en el contenido específico de ese capítulo. Anota en este diario cualquier pensamiento que se te venga a la mente cuando leas el resumen de las enseñanzas de este capítulo.

MEDITA • ORA • ACTÚA

MEDITACIÓN

PÁGINA 513

Lee la sección de Meditación en el Capítulo 35 reflexionando detenidamente. Selecciona una palabra o una frase que sea especialmente significativa y detente a pensar sobre el significado que ésta tiene para tu vida. Anota esa palabra o frase aquí abajo y reflexiona sobre ella con frecuencia o diariamente.

SUGERENCIAS PARA LA ORACIÓN

PÁGINA 514

Reza los pasajes del Salmo 120 o del Salmo 41 que se encuentran al final de este capítulo. En este diario, anota las palabras o frases que describen tu actitud cuando rezas. Mientras que continúas reflexionando sobre este capítulo, ¿cómo crece o cambia tu comprensión de estas palabras o frases?

PONIENDO LA FE EN PRÁCTICA

Esta semana, como resultado de haber leído, reflexionado y respondido al Capítulo 35, me siento inspirado para . . .

36 JESÚS NOS ENSEÑÓ A REZAR

LA ORACIÓN DEL SEÑOR: EL PADRE NUESTRO
—CIC, NÚMS. 2759-2865

LEE • REFLEXIONA • RESPONDE

"USTEDES PUES, OREN ASÍ" (MT 6:9)

PÁGINAS 515-517

En los Evangelios de Mateo y Lucas, Jesús les enseña a rezar a sus discípulos. ¿De qué manera puedes incorporar las instrucciones de Jesús?

LA ORACIÓN CENTRAL DE LAS SAGRADAS ESCRITURAS

PÁGINAS 517-525

Toma una semana para reflexionar sobre el Padre Nuestro. Cada día reflexiona sobre una de las siete peticiones en secuencia, explorando el significado, pasado y presente, que tiene para ti y piensa también en cómo esa petición te presenta un desafío como fiel creyente. Anota tus reflexiones en este diario.

REZA PARA PODER CREER, CREE PARA PODER REZAR

PÁGINAS 525-527

¿Cuál de las creencias católicas te está causando más dificultades? ¿Cómo podrías abrir tu corazón y llevar esas dificultades a la oración a fin de profundizar tu creencia?

PARA LA REFLEXIÓN Y EL DEBATE

PÁGINA 527

Lee las preguntas para la reflexión y el debate en este capítulo y usa el espacio de aquí abajo para responder a aquellas preguntas que puedas contestar de inmediato. Más adelante, regresa a las preguntas que se te hicieron más difíciles e invita al Espíritu Santo para que te guie al responder.

ENSEÑANZAS

PÁGINAS 527-529

Lee las enseñanzas que aparecen en el Capítulo 36. Éstas te ayudarán a enfocarte en el contenido específico de ese capítulo. Anota en este diario cualquier pensamiento que se te venga a la mente cuando leas el resumen de las enseñanzas de este capítulo.

MEDITA • ORA • ACTÚA

MEDITACIÓN

PÁGINAS 529-530

Lee la sección de Meditación en el Capítulo 36 reflexionando detenidamente. Selecciona una palabra o una frase que sea especialmente significativa y detente a pensar sobre el significado que ésta tiene para tu vida. Anota esa palabra o frase aquí abajo y reflexiona sobre ella con frecuencia o diariamente.

SUGERENCIAS PARA LA ORACIÓN

PÁGINA 530

Empieza y termina tu reflexión sobre este capítulo rezando el Padre Nuestro. Cada vez que lo reces, date cuenta cuál de las peticiones acongoja más tu corazón. Toma unos minutos para meditar sobre esas partes de la oración.

PONIENDO LA FE EN PRÁCTICA

Esta semana, como resultado de haber leído, reflexionado y respondido al Capítulo 36, me siento inspirado para . . .

LEE • REFLEXIONA • RESPONDE